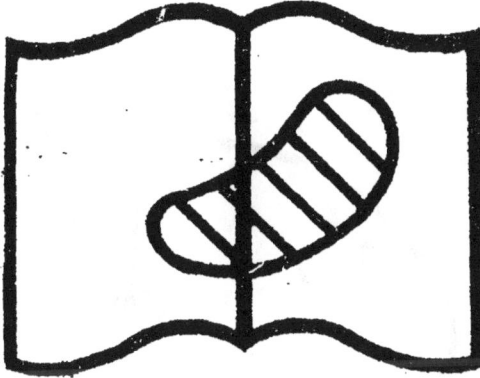

Couvertures supérieure et inférieure
en couleur

A Monsieur Leopold Delisle très affectueux hommage de son tout dévoué Os. Br de Watteville

SIMPLE NOTE

SUR LES

ORIGINES DE LA NOBLESSE

DES TITRES

ET

DES ANOBLISSEMENTS

PAR

Os. Baron de WATTEVILLE

Directeur honoraire des Sciences et des Lettres au Ministère
de l'Instruction publique.

PARIS

LECHEVALIER	KLINCKSIECK
39, QUAI DES GRANDS-AUGUSTINS, 39	17, RUE DE LILLE, 17

1900

(11)

DU MÊME AUTEUR

Rapport du Jury international (Exposition de 1867); globes, cartes, appareils pour l'enseignement de la géographie. In-8°, Paul Dupont, 1867 (épuisé).

Rapport sur les Bibliothèques scolaires, depuis l'origine jusqu'en 1886. Imprimerie impériale, in-8°, 1867 (épuisé).

Rapport au Ministre de l'Instruction publique sur la collection des documents inédits de l'histoire de France et sur les actes du Comité des travaux historiques. n-4°, Imprimerie nationale, 1874.

Rapport au Ministre de l'Instruction publique sur le service des missions et voyages scientifiques en 1874. In-8°, Imprimerie nationale, 1875 (épuisé).

Rapport au Ministre de l'Instruction publique sur le service des missions et voyages scientifiques en 1876. In-8°, Imprimerie nationale, 1877 (épuisé).

Rapport au Ministre de l'Instruction publique sur l'emploi de la photographie dans les établissements scientifiques et littéraires dépendant du Ministère. In-4°, Imprimerie nationale, 1877 (épuisé).

Rapport au Ministre de l'Instruction publique sur le Muséum ethnographique des missions scientifiques. In-8°, Imprimerie nationale, 1877 (épuisé).

Rapport a M. Bardoux, ministre de l'Instruction publique, sur le service des bibliothèques scolaires (1866-1877). In-8°, Paris, Imprimerie nationale, 1879.

Rapport administratif sur l'exposition spéciale du Ministère de l'Instruction publique à l'Exposition de 1878. In-8°, Paris, Hachette et Cie, 1886.

Résumé des principes de la science héraldique. In-12, avec planches, Paris, Didot, 1857 (épuisé).

Études sur les devises personnelles et les dictons populaires. Paris, Émile Lechevalier, 39, quai des Grands-Augustins, brochure in-8°, 1888.

Le Cri de guerre chez les différents peuples. Paris, Émile Lechevalier, brochure in-8°, 1889.

Un intérieur de grand seigneur français au XVe siècle. Paris, Émile Lechevalier, brochure in-8°, 1890 (épuisé).

Comment le Roi de Rome devint duc de Reichstadt. Paris, Émile Lechevalier, brochure in-8°, 1890.

Lettre d'un collectionneur à M. Spire Blondel, auteur du livre des Fumeurs. Paris, H. Laurens, 6, rue de Tournon, brochure grand in-8°, 1891 (épuisé).

De la création d'une noblesse nationale aux États-Unis. Paris, Émile Lechevalier, brochure in-8°, 1892.

A propos d'une bibliographie Napoléonienne. Paris, Émile Lechevalier, in-8°, 1894.

Un Murat inconnu, brochure in-8°. Paris, Émile Lechevalier, 1894.

Le Régiment de Watteville, une page de son histoire, 1789-1792. Paris, Émile Lechevalier et Klincksieck, in-8°, 1898.

Les Ex-libris de la famille de Watteville. Paris, Émile Lechevalier, 39, quai des Grands-Augustins, et Klincksieck, 17, rue de Lille, grand in-8° avec planches, 1899.

MÂCON, PROTAT FRÈRES, IMPRIMEURS.

N

SIMPLE NOTE

SUR LES

ORIGINES DE LA NOBLESSE

DES TITRES

ET

DES ANOBLISSEMENTS

TIRÉ A 200 EXEMPLAIRES

MACON, PROTAT FRÈRES, IMPRIMEURS

SIMPLE NOTE

ORIGINES DE LA NOBLESSE

DES TITRES

ET

DES ANOBLISSEMENTS

PAR

Os. Baron de WATTEVILLE

Directeur honoraire des Sciences et des Lettres au Ministère
de l'Instruction publique.

PARIS

LECHEVALIER	KLINCKSIECK
39, QUAI DES GRANDS-AUGUSTINS, 39	17, RUE DE LILLE, 17

1900

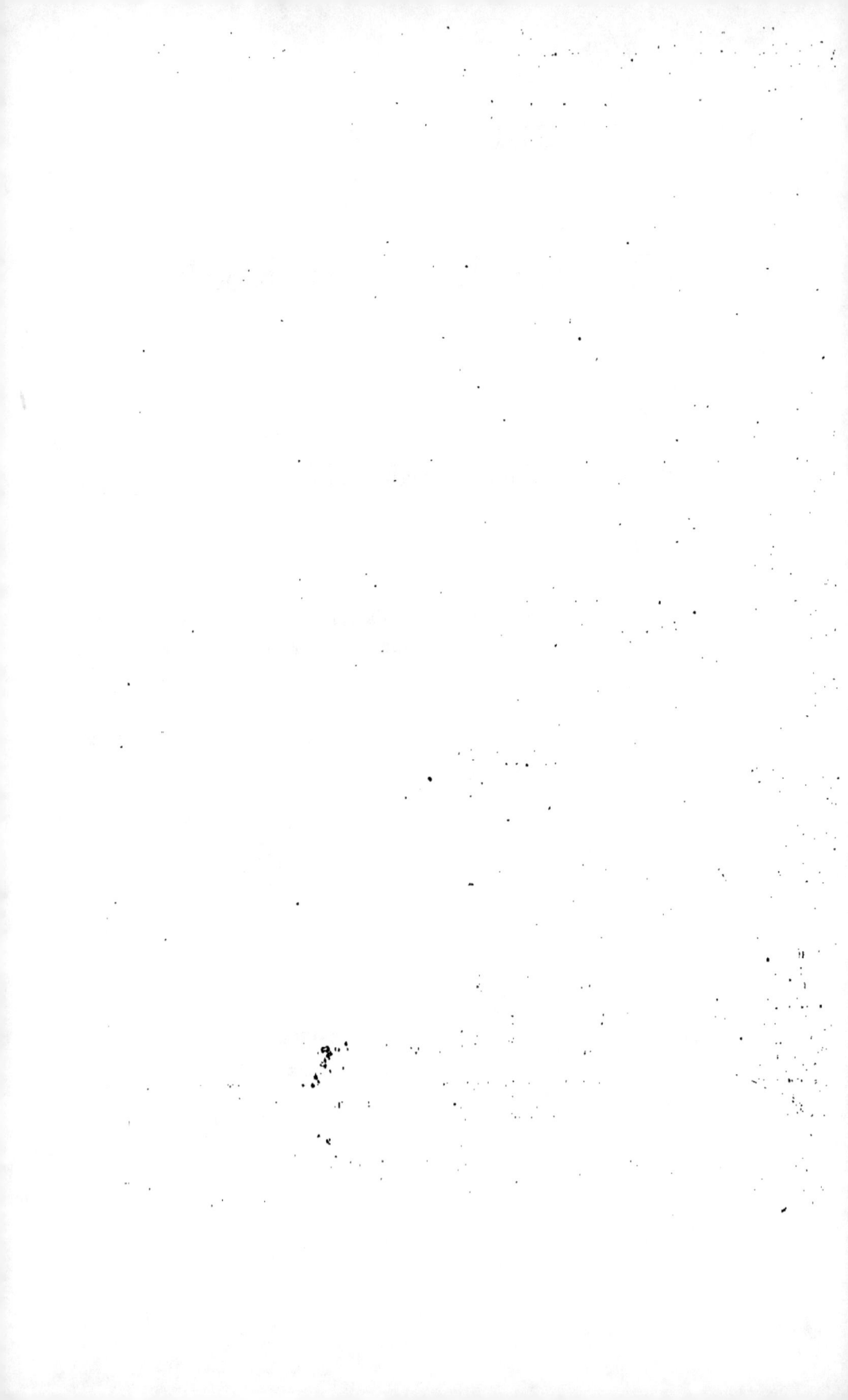

Paris, le 30 septembre 1900.

Mon cher cousin et ami,

Vous me faites l'honneur de m'interroger sur nombre de faits qui touchent à l'histoire de notre famille. Vous me posez de brèves questions, qui demandent de longues réponses. Pour satisfaire votre curiosité, il me faudra résumer l'histoire de la noblesse européenne. Elle est à peu près la même pour tous les pays, soit de race germanique, soit de race latine. Puis, je devrai ensuite exposer les origines, la signification et l'importance des titres de noblesse; enfin, insister sur certains points qui intéressent particulièrement l'histoire de notre famille, entre autres sur celui-ci, sur lequel on m'a quelquefois interrogé : pourquoi nous en tenons-nous tous au titre modeste de baron, alors que plusieurs de nos ancêtres ont porté des titres bien supérieurs..... du moins en apparence !

Soit, un poco piu di luce, comme disait le général de la Marmora ! cette lumière, je vais essayer de la faire, mais je réclame toute votre indulgence, car il me faudra entrer dans un grand nombre de détails historiques, pour affirmer et confirmer mes assertions.

Accordez-moi donc quelques instants de patiente lecture. J'espère arriver à faire aussi complète que possible la lumière demandée, en comptant sur votre bienveillante attention comme vous pouvez compter sur mes meilleurs sentiments.

OS. BARON DE WATTEVILLE.

SIMPLE NOTE

ORIGINES DE LA NOBLESSE

DES TITRES

ET

DES ANOBLISSEMENTS

CHAPITRE Iᵉʳ

DES ORIGINES DE LA NOBLESSE EUROPÉENNE

« Vraie noblesse,
Nul ne blesse. »
(Vieux dicton français.)

A la chute de l'Empire romain, au moment du triomphe
des barbares, leurs rois vainqueurs partagèrent entre
leurs guerriers les biens et surtout les terres des vaincus.
Mais comme ils n'avaient pas adopté la législation
romaine, que d'après leur droit germanique ils ne recon-
naissaient pas la propriété héréditaire, ces biens ils les

rétrocédèrent à leurs fidèles, leudes ou antrustions [1], soit à titre bénéficiaire, soit à titre précaire [2].

Dans l'un et l'autre cas, ces concessions entraînaient avec elles certaines charges, dont la première, la plus essentielle, était le service militaire, soit sous les ordres directs du Roi, soit sous les ordres de ses grands chefs.

Dès les premiers temps, ces propriétaires, ou bénéficiaires ou précaires, ne visèrent qu'un seul but, celui de rendre héréditaires leurs biens, qui n'étaient pas même viagers. Sur ce point unique, ils concentrèrent tous leurs efforts. En agissant ainsi, ils imitaient leurs souverains, qui avaient rapidement fait triompher le principe de l'hérédité dans la succession au trône.

Par suite de la faiblesse et de l'incapacité des derniers Mérovingiens, les domaines bénéficiaires, ou même précaires, ne tardèrent pas à se transformer en possessions héréditaires. La main ferme de Charlemagne arrêta momentanément ces empiètements. Un capitulaire de l'an 803 est très explicite sur ce point. Mais la lutte reprit énergiquement contre les débiles successeurs du grand Empereur. Ils furent bientôt obligés de céder.

Les grands propriétaires, les officiers publics ne tardèrent pas, en 877, à Kiersy-sur-Oise, à faire reconnaître ce qu'ils appelaient leurs droits. Ce ne fut pas tout. En même temps que les chefs de tout rang, je dirais volontiers

1. *Leudes* : les plus riches, les plus influents des hommes libres, ayant prêté au roi le serment (leod), et ayant ainsi la plénitude de leurs droits civiques. — *Antrustions* : hommes libres, liés tout spécialement au service du roi, et faisant partie de sa *truste*, c'est-à-dire de la maison royale, comme on dirait aujourd'hui.

2. Pour les bénéficiaires, la concession des terres était limitée à vingt ou trente ans. Pour les précaires, elle était de moindre importance et de moindre durée, de un à cinq ans. Les unes et les autres étaient renouvelables.

de tout grade, s'assuraient cette possession héréditaire des domaines dont ils n'avaient que la jouissance précaire, ils s'assuraient également, et toujours à titre héréditaire, les pouvoirs dévolus aux fonctions militaires, civiles, administratives qu'ils remplissaient, mais jusqu'alors à titre viager seulement. — L'usurpation était complète, et, par suite, la dépossession des droits du souverain devenait absolue.

Dans la seconde moitié du ix⁰ siècle on voit pour la la première fois apparaître à côté du mot bénéfice le mot *vassus* (vassal), qui, s'appliquant au détenteur du bénéfice, fait comprendre que ce terme a perdu son sens primitif, a pris un sens nouveau, qu'une institution, jusqu'alors inconnue, est sortie de ce changement, en un mot que le régime féodal vient d'apparaître.

§ I. — DE L'ANTIQUE NOBLESSE FÉODALE

L'organisation de cette noblesse, très simple en apparence, très compliquée dans le fonds, reposait sur deux bases.

La première était la possession héréditaire du sol et partant sa défense. Elle est brièvement résumée par les adages suivants :

Nulle terre sans seigneur ;

et sa contre-partie :

Nul seigneur sans terre.

Enfin, par ce dernier, qui explique l'histoire du moyen âge, et même l'histoire moderne :

Qui terre a,
Guerre a!

La guerre devint l'état habituel, permanent de la société nouvelle. Mais la guerre entraîne avec elle des suites de nature souvent bien différentes. D'abord par les alliances indispensables, soit avec ses voisins, soit contre ses voisins. Puis, de par le contrat féodal, la guerre pour soutenir le souverain; puis, celle entreprise pour soutenir le chef, le seigneur immédiat, en vertu des rapports de vassal à seigneur.

Autre conséquence :

Les rapports de bonne camaraderie, les relations familières engendrées par la vie des camps, engendrent à leur tour le compagnonage. Au xvie siècle encore, un des grands capitaines disait, plus énergiquement que je ne fais : « Une fois assis en selle, tout le monde est compagnon! » Au moment du danger, comment abandonner son compagnon?

Ce compagnonage, cette confraternité d'armes partagée entre hommes ayant la même origine, développèrent, dans l'antique noblesse un esprit d'égalité, sur lequel on ne saurait assez insister; ce sentiment est confirmé, affirmé par les institutions, l'histoire et la poésie. Le célèbre cycle chevaleresque des poèmes de la *table ronde* fut un symbole d'égalité plus aimable, plus gracieux que le niveau de 1793, même appuyé sur le couperet de la guillotine[1] !

---

1. L'esprit d'égalité, sur lequel nous insistons, se manifeste également, dès les origines, par la qualification de pairs (du latin *pares*) ou égaux donnée par les lois franques soit aux frères d'armes, soit aux hommes égaux en rang et en dignité. — Quand le système féodal fut constitué on nomma *pairs du fief*, les vassaux immédiats, qui étaient égaux entre eux et formaient la cour judiciaire du Seigneur. Le roi eut ses pairs, comme les autres seigneurs féodaux. Ce ne furent d'abord que les vassaux immédiats du duché de France, parmi lesquels se trouvaient l'archevêque de Reims, les évêques de Langres,

Et cet esprit se perpétua jusqu'au jour où les rois devenus tout puissants s'arrogèrent le droit de distribuer à
leur gré, et suivant les besoins de leur politique, les fiefs
devenus vacants et les titres qui accompagnaient ou
même n'accompagnaient pas ces fiefs. J'aurai à revenir
sur ces points importants.

Du reste, un seigneur isolé, qu'aurait-il pu faire? —
Seul, il ne pouvait lutter, se défendre contre plus fort
que lui. Il devait forcément ou traiter avec ses pairs et
s'allier avec ceux qui avaient les mêmes intérêts, ou
s'unir, par les liens de la vassalité, à de hauts et puissants
seigneurs. Ainsi se trouva rompu l'esprit d'égalité qui,
à la fin du x⁰ siècle, avait réuni tous les propriétaires de
terres pour achever la destruction du pouvoir des Carlo-
vingiens : égalité qui s'était surtout manifestée lors de
l'élection de Hugues Capet (987), appelé au trône par le
clergé et la noblesse du nord de la France.

Aussi, dans une discussion violente avec Adalbert,
comte du Périgord, quand le nouveau roi, à bout d'argu-
ments, lui demanda :

« Qui t'a fait comte? »

Laon, Châlons-sur-Marne, Beauvais et Noyon, lesquels furent les six pairs
ecclésiastiques. Au xiii⁰ siècle, il y eut en outre six pairs laïcs, savoir : trois
ducs, ceux de Normandie, de Bourgogne et d'Aquitaine, et trois comtes ,
ceux de Flandres, de Champagne, de Toulouse ; c'étaient là les douze pairs
dont il est si souvent question dans l'histoire et les poèmes chevaleresques.
Ils constituaient la *Cour des pairs*, que le roi réunissait pour juger les
crimes de haute trahison.

En 1789, les pairs étaient au nombre de 49, savoir : 5 princes du sang royal ;
6 évêques, dont nous avons cité les noms des évêchés, et 38 pairs laïcs,
appartenant à la grande noblesse.

La charte de 1814 donna à la Chambre haute le titre de Chambre des pairs.
Elle subsista jusqu'à la révolution de 1848, conservant son titre, mais avec
modifications dans l'institution.

l'autre de lui répondre fièrement :

« Qui t'a fait roi? »

et le Roi de se taire !

Ce même esprit d'indépendance égalitaire se retrouve, à la même époque, dans la formule du sacre des rois d'Aragon. Les Cortès (clergé et noblesse) disaient au nouveau souverain :

« Nous, qui séparément valons autant que toi, et qui réunis valons plus que toi, nous te choisissons librement comme chef et seigneur, sous condition que tu respecteras nos libertés (fueros) ! — Sinon, non ! »

Rien d'étonnant donc si, dans la noblesse française ou espagnole, avec un tel état d'esprit on rencontre des gentilshommes se proclamant seigneurs par la grâce de Dieu et maîtres absolus de leurs domaines, c'est-à-dire maîtres sans aucune sujétion féodale. Tel en France Bouchard[1] de Montmorency, mort en 1125, qui s'intitulait « Sire de Montmorency par la grâce de Dieu »; tels en Espagne les Rocaberti, « Seigneurs absolus par la grâce de Dieu »; Don Gil Tizon, « Seigneur absolu de Caldera »; Dona Maria, « qui fut de Montpellier la Maîtresse absolue », etc., etc.[2].

Ces sentiments se retrouvent au xviie siècle, lorsque les nobles espagnols se disaient aussi nobles que le Roi, et ajoutaient « et même un peu plus[3] », c'est que le roi qui venait de monter sur le trône était alors (1700) Philippe V, qui était de la maison de Bourbon, et par conséquent, n'avait pas, suivant eux, l'honneur d'être Espagnol.

1. Ou mieux Burchard.
2. J'emprunte ces dernières citations au poème catalan de Mosen Febrer, écrit en 1276 pour célébrer la conquête de Valence.
3. Hidalgo como el Rey, y un poco mas!

Ces sentiments on les retrouve également encore en France quelque cinquante ans plus tard.

Les Montesquiou prétendaient descendre des anciens ducs d'Aquitaine. Ils obtinrent du Roi Louis XV l'autorisation d'ajouter à leur nom de Montesquiou celui de Fézensac, ce qui indirectement pouvait servir à légitimer leurs prétentions.

Le chef du nom et des armes de cette famille notifia la décision royale au comte de Pardiac, qui lui aussi prétendait descendre de ces mêmes ducs, mais par la branche aînée. M. de Pardiac répondit aussitôt à M. de Montesquiou Fézensac :

« J'ai reçu, Monsieur le Comte, la lettre par laquelle
« vous m'annoncez que vous avez le nom de Fézensac de
« par le Roi. Quant à moi, vous le savez, je suis Pardiac
« de par Dieu[1]. »

Avec un tel « état d'âme », comme on dit aujourd'hui, rien d'étonnant de voir pendant des siècles la royauté et la noblesse se disputer avec acharnement le pouvoir.

En un mot, pendant huit siècles, en France, dans le Saint-Empire, en Espagne, la royauté, tout en repoussant les attaques de l'extérieur, n'eut pour but, à l'intérieur, que de reconstituer le pouvoir des anciens empereurs romains.

D'autre part, la noblesse en Angleterre comme en France, en visait un autre diamétralement opposé, celui de constituer une forte oligarchie tenant en bride le pouvoir royal.

Les guerres de religion au xvie siècle, la Fronde au xviie, furent les dernières manifestations de cet esprit

---

1. Cf. *Mémoires du général baron Thiébault*, t. I, p. 106.

d'indépendance, disaient les gentilshommes ; de révolte, disaient les rois.

Mais la royauté avait des armes formidables. Elle avait l'appui de la justice et du clergé ; elle sut gagner le tiers état, en l'affranchissant, en lui accordant des privilèges. Enfin elle sut rallier une partie de la noblesse elle-même, en lui prodiguant des grâces et des faveurs. Ce fut cette fraction qui forma la « noblesse de cour ».

Quant à l'autre partie de la noblesse, celle qui, sans être rebelle, formait souvent une forte opposition, les rois surent l'affaiblir en multipliant les anoblissements, les concessions de titres, points sur lesquels je vais bientôt avoir à revenir.

La vieille noblesse féodale perdit en grande partie le pouvoir politique par la mort du duc de Bourgogne, Charles le Téméraire (1477), et par celle du connétable de Bourbon (1527), ces deux grands révoltés. La petite noblesse perdit toute autorité sous les coups du cardinal de Richelieu. La lutte souvent sanglante dura huit cents ans, avec de multiples péripéties. La noblesse vaincue, le pouvoir absolu triompha ; mais son triomphe ne dura pas cent ans, car la royauté se trouva sans défenseurs en face de la formidable attaque de la grande Révolution.

Je viens de dire, plus haut, que le système féodal reposait sur deux bases et que la première était la possession du sol.

Voyons maintenant la seconde, qui fut la possession du nom, qui seul pouvait indiquer, prouver à tous l'antiquité, la perpétuité de la race.

Le nom de famille, employé par les Romains, avec bien

d'autres institutions, avait disparu au moment de la grande invasion des barbares.

Il fut rétabli presque simultanément dans l'Europe entière, lors de l'usurpation définitive des terres par la noblesse et de la couronne par les Capétiens. Pendant une longue période, l'antiquité de la race ne peut être constatée que par la tradition, les généalogies, les historiens et les chroniqueurs. Il ne faut pas l'oublier, il n'existait alors que peu ou point d'actes publics, authentiques, notariés, etc,. ou du moins de ceux auxquels de nos jours on donne ce nom, il n'y avait alors ni noms de famille, ni armoiries héréditaires.

Le nom de famille avait disparu, avec la propriété réelle, à la chute de l'Empire romain. Il était inconnu des barbares; encore, à l'heure actuelle, il est inconnu des peuples de l'Asie et de l'Afrique.

Chez les barbares, on n'appartenait pas à une *gens*, par exemple à la *gens Cornelia*; on était simplement un tel, fils d'un tel : Jean, fils de Pierre. — Cet usage persiste encore aujourd'hui dans l'Afrique, dans tout l'Orient; Mohamed-ben-Yacoub : Mahomet, fils de Jacob. On en retrouve encore des traces nombreuses en Europe : en Angleterre, avec la terminaison *son*; en Allemagne, avec celle de *sohn*; en Hollande, avec celle de *zoon*; en Russie, avec celle de *vitch* [1]. Ces terminaisons, ajoutées à des noms de baptêmes, les transforment en noms de famille ayant tous le sens de fils de.....

Donc, avant le XIIᵉ siècle, on ne trouve dans les cartulaires ou dans les Chroniques que des « Odo, filius Isam-

---

[1]. Exemples : Robertson, fils de Robert; Arronsohn, fils d'Aaron; Peterzoon, fils de Pierre; Ivanovitch, fils d'Ivan.

« bardi ; Petrus, filius Alberti ; ou, plus brièvement,
« Ansoldus Regierii — Alcherius Adolis ». en sous-enten-
dant filius [1].

Souvent aussi on était désigné par le nom de la ville
ou du village où l'on était né, ce qui donnait à des roturiers l'apparence de porter des noms aristocratiques,
c'est ainsi dans le *livre de la taille* (l'impôt) *de la ville de
Paris* en 1292. Je prends parmi les *moins imposés*, ceux
qui ne payaient que 12 deniers (ou un sol) de contribu-
tions, et dès les premières pages (p. 4, 5, 6), je trouve ces
noms ressemblant à des noms aristocratiques : Phelippe
de Pacy, le potier Guillaume de Laingny, Guillaume
d'Arancy, Jacques de Dreues, fripier ; Guyot de Chartres,
Gieffroy de Branvilliers, Denyse de Chambely, Guillaume
de Chastiau-Forte, etc., tous sans profession.

Par une conséquence toute naturelle, cette pauvreté
dans la nomenclature, à défaut du nom du village natal,
amenait l'emploi de sobriquets, quelquefois même des
plus désagréables. Les rois n'étaient pas à l'abri. Le Gros,
le Chauve, le Fainéant, le Hutin (le Querelleur) se ren-
contrent à chaque instant appliqués à des souverains.
Parmi les grands seigneurs on se rappelle : Thibaut le
Tricheur, comte de Blois ; Godefroy le Bossu, duc de
Lorraine ; Guillaume Tête d'Étoupe, comte de Poitou ;
Louis de Valentinois, dit Gros Vilain ; Archambaud Jambe
pourrie, vicomte de Comborn et seigneur suzerain de la
vicomté de Turenne, etc., etc.

Après avoir rappelé les surnoms de quelques rois, ceux
de quelques seigneurs, il faut faire observer que la

---

1. En France, en vertu de cet antique usage, il existe encore nombre de
familles Depierre, Dejean, etc., etc.

dynastie des Capétiens elle-même ne dut son nom qu'à un sobriquet, celui que portait le premier d'entre eux. Le nom de Capet, si stupidement employé par les révolutionnaires de 1793, n'était que le surnom (Caput) de Hugues et n'était pas plus son nom que l'épithète de Fort (Robert le Fort) n'était le nom de son aïeul.

Cet emploi constant du nom de baptême amenait les confusions les plus inextricables. Woodbury nous apprend qu'à Bayeux, en 1171, il se trouvait simultanément *cent dix* chevaliers, tous du même nom, celui de Guillaume, et cependant tous de familles différentes !

Une fois la possession de la terre devenue héréditaire, le nom du fief vint se joindre héréditairement au nom de baptême, désignant tout à la fois ainsi le possesseur et la famille. Sur le sceau de Bouchard, en 1179 (c'est un des plus anciens que l'on connaisse en Europe), on lit : « Sigillum Bochardi de Monte Morenciaco ». Sceau de Bouchard de Montmorency (voir p. 12). C'est la première fois qu'apparaît dans l'histoire ce nom complet, qui devait bientôt devenir le plus illustre de la noblesse française. — Une grande révolution civile, judiciaire, administrative venait de s'accomplir, non seulement en France, mais à la suite, et presque simultanément, dans une grande partie de l'Europe. Pour l'histoire des familles on voit donc les noms remplacer les surnoms au xiii° siècle seulement; on voit en même temps apparaître les armoiries héréditaires ainsi que les actes écrits qui remplacent la tradition ; ces importants changements donnent des bases nouvelles, assurées, et à la famille et à la propriété.

Dès le début de cette époque on trouve authentiquement dans l'histoire de Berne le nom de Watteville, à côté de celui des cinq autres familles patri-

ciennes, qui ont présidé à la fondation de cette ville. On voit, dès 1226, Ulrich de Watteville faisant partie, dès l'origine, du Conseil souverain, ce qui prouverait, s'il en était besoin, qu'il était *dès avant* un haut personnage ; que (comme le prouvent les *tables de Reitenau*) les barons de Watteville, les seigneurs de Sinzendorf, les barons de Reitenau, ceux de Schauenstein, se rattachent à la grande et illustre maison des Guelfes [1].

D'après les traditions, mais les traditions seulement, toutes auraient comme auteur commun, Éthicon, comte d'Alsace, duquel descendrait également l'illustre maison des Hapsbourg.

En un mot, dès ces époques reculées, les Watteville faisaient partie de cette vieille et haute noblesse qu'on qualifiait du titre de : *gentilshommes de nom et d'armes.* Dom Pelletier, dans son Nobiliaire de Lorraine (p. 15 et 16), ouvrage qui fait autorité, définit ainsi ce terme : « Ce sont « des gentilshommes qui ont une noblesse de si haute « antiquité qu'on n'en peut démontrer l'origine, et qui « prouvent une possession de temps immémoriale par une « suite de personnes distinguées par leur valeur et leurs « exploits. »

En France, pour prouver sa noblesse de *nom et d'armes*, il fallait fournir des preuves d'une situation de gentilhomme depuis 1399 au moins, et sans filiation interrompue, sans anoblissement connu.

Mais, au moment où la noblesse achevait de se consti-

---

1. Voir les tables dressées par ordre de Th. de Reitenau, archevêque de Salzbourg, vidimée par les chanoines Simon de Thoun, David de Spaaren et par le baron von Wolkenstein. Voir également la *Chronique des Bénédictins du Woingartensee*, puis le t. XVII du *Dictionnaire de la Noblesse*, de La Chesnaye-Desbois, etc., etc.

tuer régulièrement par l'adoption des noms de familles héréditaires, et des armoiries héréditaires, représentés les uns et les autres par un scel immuable, à ce moment, au XIIIe siècle (mais à son déclin), les rois tentèrent avec succès une innovation, disons mieux une révolution, qui devait amener des modifications considérables dans l'état des nobles.

§ II. — LA NOBLESSE ET LES ANOBLISSEMENTS

La vieille noblesse, dont je viens de résumer brièvement l'histoire en quelques lignes, avait été affaiblie, décimée par les guerres nationales, les guerres privées et surtout par les immenses, les sanglantes expéditions en Terre Sainte, par les croisades.

Il devenait de toute nécessité de combler les vides faits par l'épée dans ce corps guerrier constituant par excellence l'armée, la défense du pays. Les rois cherchèrent donc les moyens d'infuser un sang nouveau dans le corps épuisé de l'antique noblesse, en en créant une nouvelle, qui, ne relevant que d'eux, ne se dirait plus « noble par la grâce de Dieu », mais bien noble par la grâce du roi.

Un des axiomes des légistes d'alors était que « li rois ne tient fors de Dieu et de son espée » (le roi ne relève que de Dieu et de son épée). En vertu de ce principe, dit M. A. de Barthélemy, dans son *Étude sur les lettres d'anoblissement*, « il donna des lettres de noblesse, c'est-à-dire des dispenses en vertu desquelles tout homme libre pouvait acquérir des biens nobles, en jouir noblement, et se faire armer chevalier...; elles supprimaient la barrière séculaire élevée entre la noblesse et la roture »; elles plaçaient de fait les roturiers au niveau des gentilshommes.

Et l'auteur ajoute, avec grande raison, que cette mesure fut au nombre de celles que nous appellerions aujourd'hui *ultra-démocratiques*. Les lettres d'anoblissement étaient un rude coup porté à la féodalité ; elles permettaient à tout le monde d'entrer dans la caste noble, et diminuaient singulièrement la prépondérance de celle-ci dans la nation [1].

La qualification de gentilhomme et cette innovation des lettres patentes, décrassant, comme on le disait alors, bourgeois et vilains, apparaissent à bien courte distance dans l'histoire.

Revenons à ce que nous avons dit plus haut, c'est le célèbre poème de Wace (fin du XIIe siècle) : *le Roman de Rou*, qui fournit, je crois, pour la première fois, le terme en question. Je cite, en rajeunissant l'orthographe :

> Adèle fut de Chartres comtesse,
> Épouse au comte Estiévenon,
> Gentil-homme, noble baron.

Et un peu plus tard, au XIIIe siècle, on constate l'existence d'un des premiers anoblissements connus. Suivant la tradition commune, ce fut celui de Raoul, l'orfèvre, par Philippe le Hardi, en 1270 ; suivant M. A. de Barthélemy, qui a spécialement étudié la question, les deux plus anciennes lettres authentiques, datent de Philippe le Bel, 1284 et 1290 [2].

Peu à peu, l'exemple donné par les rois de France fut suivi par les autres souverains, tantôt sous forme de

1. A. de Barthélemy, *Études sur les lettres d'anoblissement*, p. 9.
2. Cf. Barthélemy, *ibid.*

concessions ou d'augmentations d'armes, tantôt sous forme de lettres patentes, comme en France.

En Angleterre, la plus ancienne à ce que l'on croit, est celle qui concède à Alan Trowte la noblesse et des armoiries. Elle est datée de 1376 [1].

Dans le Saint-Empire, l'empereur Sigismond signa la première lettre patente connue, le jour de la saint Gall 1420, en faveur d'un Joner qui fut en même temps créé comte [2].

Après celle-ci, on trouve des lettres d'anoblissement de 1473, accordées à la famille des Függer, les célèbres banquiers. Ils firent leur chemin ; car sur cinq de leurs branches, actuellement existantes, quatre furent titrées de comte en 1530, et une de prince en 1803 [3].

En Prusse, enfin, l'Électeur de Brandebourg, vassal de l'Empereur, anoblit en 1515 Gentil de Lavalade [4]. — « J'en passe, et des meilleurs. »

A ce propos, notons que, par grande exception, il existe certains exemples de concessions d'armoiries, etc., faits par des seigneurs, sur le champ de bataille, à leurs écuyers, à leurs hommes d'armes pour faits de guerre.

Tel lord Audley, qui, après la bataille de Poitiers (1356), conféra la noblesse à ses quatre écuyers : Delves, Maikworth, Hawkstone et Foulthurst, et leur concéda ses propres armoiries, mais avec brisures [5].

---

1. Le texte de cette pièce est donné par A. Lower, *Curiosities of Heraldry*, p. 315 et 316.

2. Cf. Carl von Langs, *Bayerischen Adelsbuch*, p. 38, 39.

3. *Ibid.*, p. 34.

4. *Handbuch der Preussischen Adel*, 2 vol. in-8, Berlin, 1893.

5. Cf. Froissart, t. V, p. 58, éd. Siméon Luce, dans les publications de la Société de l'histoire de France, et Lowers, *Curiosities, of Heraldry*, p. 33 et 34.

Lorsque ces seigneurs, comme les ducs de Lorraine par exemple, étaient souverains, leurs décisions furent respectées par les rois. J'en citerai un exemple entre autres, celui de l'anoblissement de N. de Collard sur le champ de bataille de Nancy, en 1477, où la mort de Charles le Téméraire assura la tranquillité de la France. Mais les rois ne tardèrent pas à s'opposer de la façon la plus énergique à un abus qui pouvait menacer leur prérogative, et nuire gravement, comme nous allons l'indiquer plus loin, à leurs intérêts pécuniaires.

Mais avant d'aborder le côté fiscal des mesures qu'ils prirent, commençons par établir que la création d'une noblesse nouvelle, n'ayant aucun point d'attache avec l'ancienne, provenant d'origines le plus souvent toutes différentes, excita chez les gentilshommes une violente répulsion. Dans les corps fermés, et la noblesse l'était plus que tout autre, les nouveaux admis sont toujours regardés comme des intrus, et en ces circonstances ils le furent plus que jamais, car leur intrusion était aggravée par les extrêmes dissemblances des causes d'anoblissement.

Il faut donc étudier la question non pas seulement comme une innovation, mais comme une véritable révolution. La noblesse, jusqu'alors, avait formé un corps assez uni (au moins pour défendre ses droits et privilèges), elle formait, par ses alliances de famille, ses alliances politiques, par les liens de la fraternité d'armes, une redoutable, elle se trouva bien vite divisée en groupes hostiles les uns aux autres, à la suite de ces adjonctions imposées par le pouvoir royal.

En tête, naturellement, restèrent les représentants des antiques familles qui remontaient aux premiers jours de la monarchie, et dont nous venons de parler. Ceux-là, suivant les vieux dictons, avaient droit de se dire « nobles comme le roi », et de dire du roi « qu'il était le premier gentilhomme de son royaume ! »

Comme tel, il était reconnu le chef incontesté de toute la noblesse, mais non pas le chef toujours obéi et toujours respecté. La lutte entre la royauté et l'aristocratie devint de plus en plus ardente à dater du XIIIᵉ siècle. Les rois se servirent avant tout des légistes pour refréner les entreprises de leurs puissants adversaires, pour avoir mainmise sur leurs fiefs, pour favoriser les appels de la justice seigneuriale à la justice royale.

Puis, en se réservant le droit exclusif de créer des nobles, d'infuser un sang nouveau dans le vieux corps, ils se créèrent une arme redoutable. En augmentant son nombre, ils diminuèrent, par ce fait, l'influence de l'aristocratie, ainsi que le respect qu'on lui portait. Ils firent forcément des nobles anciens les ennemis des nobles nouveaux, et, divisant le corps de la noblesse, ils amoindrirent son influence. Enfin, par de sourdes menées, ils empêchèrent les ligues politiques qui furent à l'origine un si grand danger pour le pouvoir royal. Les guerres de religion au XVIᵉ siècle purent à peine les reconstituer, et encore momentanément.

Mais, me dira-t-on, comment les souverains ont-ils recruté cette nouvelle noblesse, qu'ils adjoignirent à l'ancienne, un peu par gré, plus encore par force? La vieille noblesse pouvait, en effet, se demander :

> D'où lui viennent de tous côtés
> Ces enfants qu'en son sein elle n'a point porté [1].

1. *Athalie*, acte III, scène 7.

Dans le recrutement dont je parle, les rois furent guidés par mille motifs divers, ils subirent mille influences différentes.

D'abord, comme je viens de le dire, ils obéirent à l'absolue nécessité de combler les vides faits par la guerre dans la véritable, la seule force militaire du pays.

Puis, ils durent récompenser les services, administratifs, judiciaires, diplomatiques, qui commençaient alors à acquérir une véritable et sérieuse importance.

Puis, et par malheur, bientôt, à côté de ces anoblissements mérités, vinrent s'en joindre d'autres, sur lesquels je devrai insister. Ceux-là furent injustifiables aux yeux des contemporains. Ils seraient restés tels pour la postérité, si pour beaucoup d'entre eux « la nuit des temps » n'était venue jeter un voile propice sur leurs origines.

Mais cette nuit bienveillante n'eut pas d'effets sur les contemporains. Aussi, chacune des classes d'où étaient sortis les nouveaux nobles, furent-elles baptisées d'une épithète tantôt sérieuse, tantôt ironique, critiquant ou indiquant les origines de l'anobli. A chacune de ces catégories très diverses, un accueil différent fut réservé.

En tête, naturellement, marchait la *noblesse* dite *d'épée*, acquise le fer au poing, et justement respectée de tous. La France entière applaudit aux anoblissements des Jean Bart, des Du Quesne, des Dugay-Trouin, de bien d'autres encore. L'adjonction à la noblesse féodale de la famille entière de Jeanne Darc, sous le nom de *Du Lys*, fut saluée par toute la France comme le témoignage éclatant de la reconnaissance du pays.

C'est pour ces vaillants qu'on redisait les dictons populaires :

Hier vacher
Huy[1] chevalier.

ou bien encore :

De charron soldat,
De soldat gentilhomme,
Et puis marquis
Si fortune en dit.

On affirmait hautement que « *la noblesse est au bout de l'épée* », et que « *c'est affaire à celuy qui veut être gentil-homme d'aller le premier à l'assault!* »

Après la noblesse dite d'*épée*, venait la noblesse *militaire*. Il ne faut pas confondre l'une avec l'autre, ni croire à double emploi entre ces deux termes. La première s'acquérait par de hauts faits d'armes, la seconde était réservée, mais à titre personnel seulement, à des roturiers parvenus à certains grades dans les armées du roi, et pour bons et loyaux services. Si trois membres de la même famille obtenaient successivement cette faveur, leur noblesse personnelle était de droit transformée en noblesse héréditaire.

A côté de ces deux catégories on doit placer la *noblesse de robe*, que conférait la possession, souvent héréditaire de fait, de certains hauts offices de la magistrature, car « la nation n'a pas contesté les privilèges de la noblesse à ceux qui jugeaient la nation[2] ».

La distinction entre la noblesse d'épée et celle de robe ne servait qu'à faire connaître les origines, et n'établissait aucune barrière entre officiers et magistrats. Le maréchal Catinat, par exemple, était de robe; le haut magistrat,

1. Huy, pour aujourd'hui.
2. Voltaire, *Essai sur les mœurs des nations.*

lieutenant général de police, d'Argenson, était d'épée.
On en citerait bien d'autres exemples encore.

Noblesse d'épée, noblesse militaire, noblesse de robe,
petit à petit furent tolérées d'abord, puis admises par ceux
que j'appellerais volontiers leurs frères aînés, les vieux
gentilshommes. Tous ces anoblis, pourvu que leur anoblissement fût antérieur [1] à l'année 1399, et *sans filiation
interrompue*, eurent le droit *de monter dans les carrosses
du roi*, c'est-à-dire eurent droit *aux honneurs de la cour*.
Les chapitres nobles seuls restèrent fermés devant les
anoblis.

Donc, il est plus que probable que si les souverains
s'étaient contentés d'anoblir pour cause de services rendus à l'État, la création nouvelle eût passé presque ina-
perçue, et sans rencontrer grandes difficultés. Malheureusement, les faveurs justifiées et justifiables ne furent
pas les seules accordées : presque dès les débuts on
vit des choix déplorables, dus les uns aux seules intrigues
des cours, les autres à des besoins d'argent, à la pénurie
du trésor, au vide des caisses de l'État ou du roi, c'étaient
les mêmes.

En effet, chaque anoblissement entraînait, comme conséquence, des droits de chancellerie nombreux et fort éle-
vés, qui donnaient au trésor d'importants bénéfices,
surtout lorsque les promotions étaient générales [2]. Je
n'en citerai que deux exemples. En janvier 1588, dans
chaque *bonne ville* de France [3], deux bourgeois par ville

1. C'est ce que l'on appelait faire les preuves de treize cent.
2. La mesure était également déplorable au point de vue du fisc, car la
noblesse ne payant, pour ainsi dire, que l'impôt du sang, les nouveaux nobles
(et leurs terres) ainsi que leurs enfants se trouvaient libérés de toutes redevances à l'État.
3. On appelait *bonnes villes*, les villes principales du royaume.

furent simultanément anoblis, à beaux deniers comptants,
volens, nolens, et les bonnes villes étaient nombreuses!
— En 1666, sous Louis XIV, cinq cents nobles furent
créés, en une seule fournée, mais le roi tira cinq
millions [1] de cette honteuse et déplorable spéculation.

L'anoblissement ainsi pratiqué, fut, on le comprend,
un des privilèges fructueux de la royauté. Rien d'étonnant
donc si les successeurs de Philippe le Hardi firent jalou-
sement respecter l'ordonnance de 1286 et toutes celles
qui suivirent, réservant au roi *seul* le privilège d'anoblir
la riche bourgeoisie.

Outre les promotions en masse, il y eut, non pas jour-
nellement mais fréquemment, des anoblissements isolés,
et toujours lucratifs pour l'État. Ceux qui en profitèrent,
ceux qui grâce à leurs écus achetèrent certaines places
qui anoblissaient leurs possesseurs firent partie de ce
qu'on appelait ironiquement la *noblesse de finance*, car ils
avaient dû fortement « financer » pour acheter leurs
droits plus qu'équivoques. S'ils avaient obtenu ces honneurs comme maires ou échevins de leurs villes, comme ils
étaient convoqués aux sons de la cloche ou beffroi muni-
cipal, ils étaient désignés sous le nom de *noblesse de
cloche* [2]. *Noblesse de soie*, *noblesse de laine*, s'appliquaient
aux bourgeois anoblis par le commerce. Les uns et les
autres enfin faisaient partie de la *noblesse d'écritoire*, ou
noblesse de parchemin, car tous ces nouveaux nobles possédaient, eux, des titres authentiques, des parchemins
(nous y voilà, enfin), indiquant exactement, le jour, le

1. Somme qui, à la puissance actuelle de l'or, représenterait au moins le triple de nos jours.
2. A Paris, on les appelait les *nobles de l'Hôtel de Ville*.

mois, l'année où ils avaient cessé de faire partie de la roture, pour entrer, mais par la mauvaise porte, dans le corps de la noblesse.

Je dis par la mauvaise porte, et avec grande intention. En effet, ces anoblissements obtenus à beaux deniers comptants ne furent certes pas les pires. Bien loin encore au-dessous d'eux il faut ranger les services de domesticité rendus à la personne du souverain, qui ne savait pas résister à certaines instances, ou croyait rehausser sa dignité en s'entourant de gens auxquels il accordait noblesse et titres, gens remplissant près de lui des fonctions qu'en dehors de la cour on regardait comme serviles, dans les écuries, la vénerie, etc., etc. On vit alors des dresseurs de chiens, de chevaux, de faucons créés ducs pour les « services » qu'ils avaient rendus à la couronne.

Enfin, pour ne rien dissimuler de ces faits honteux, il faut rappeler, mais en rougissant pour les rois et aussi pour les vrais et anciens nobles, tout autant que pour les anoblis qui avaient mérité cette haute distinction, il faut rappeler, dis-je, certaines faveurs inqualifiables, pires que celles que je viens de citer.

Je ne parlerai ici que pour mémoire de Charles le Bel anoblissant, en 1321, son ménestrel Pierre Touret [1], ainsi que de l'anoblissement par Louis XI de son barbier Olivier le Daim, de triste mémoire, qu'en outre le roi créa comte de Meulan. Louis XI, il est vrai, détestait et craignait sa noblesse dont il était également détesté. Mais Henri IV..., ce roi galant, comme dit la chanson, en anoblissant, avec raison, ses compagnons de gloire, ne dut-il pas éprouver une véritable honte en créant baron de Murat

---

1. A. de Barthélemy, *loc. cit.*, p. 12.

et de Billy ce Zamet dont le seul titre avouable était d'être,
comme il le disait lui-même, seigneur de 1.700.000 écus !
Glissons sur ses autres titres et mérites. Louis XIV et
Louis XV, du moins, n'anoblirent ni Bontemps, ni Lebel !

On comprend en quelle estime les Olivier le Daim, les
Zamet devaient être tenus et par la haute bourgeoisie et
par la vraie noblesse. Par exemple par celle de province,
vivant modestement dans ses terres, loin des cours et par
conséquent des faveurs. Elle se renfermait dans sa
dignité, satisfaite, après avoir versé son sang pendant de
longues années pour le service du roi et celui de la
France, de prendre une retraite bien méritée, la plupart
du temps avec le simple grade de capitaine et la croix de
chevalier de Saint-Louis !

Et le peuple, bourgeois ou vilain, — que pensait-il de
ces derniers anoblis, de ces faveurs injustifiables ? — Il
manifesta son mépris pour tous ces acheteurs de noblesse
et de titres par d'autres dictons, qui font un singulier con-
traste avec ceux que j'ai cités plus haut.

Tantôt il raille :

> Harcourt fit un comte neuf,
> L'an mil trois cent trente-neuf.

Tantôt, ceux qui admettaient avec joie qu'un vacher,
qu'un charron, soldats, puissent devenir chevaliers et
« même marquis, si fortune en dit » ; ceux-là s'indignent de
ce que :

> Fortune, femmes et deniers,
> Font de vachers chevaliers !

Il ne peut admettre que :

> Qui a argent,
> Il a noblesse !

non plus que :

> Richesse
> Passe noblesse.

Et bien qu'il sache que « le tiers état est la pépinière de la noblesse », mince consolation pour ceux qui restaient dans la pépinière, il flétrit ces achats d'offices, anoblissant de fait et de droit les acheteurs :

> Un office acquis par argent,
> D'un vilain fait un tyran !

grande vérité, qui s'appliquait surtout aux achats des offices de finance. Les faits, malheureusement trop nombreux, sont là pour le prouver.

J'ai parlé, il y a quelques instants, des épithètes ironiques de *noblesse de parchemins*, appliquées aux seuls anoblis. L'antique noblesse, comme je l'ai expliqué, n'avait que ses hauts faits, la gloire de son nom et sa filiation établie par les généalogies, et cela suffisait pour les contemporains et suffit encore pour la postérité. Mais pour les anoblis, souvent peu ou point connus, il fallait des titres écrits, datés, signés, paraphés, vidimés et approuvés par les autorités compétentes [1]. Voilà de quoi étonner les personnes peu au courant de l'histoire, en général, et absolument ignorantes de l'histoire des mœurs et des coutumes des temps passés.

Donc, pour les anoblissements comme pour les conces-

---

1. Bien entendu, je ne parle pas de ce que l'on appelait la *fausse noblesse*. Ce qualificatif s'appliquait surtout aux roturiers acquéreurs de fiefs nobles, qui usurpaient ou essayaient d'usurper et la noblesse et les titres attachés à ces terres. L'acquisition d'un marquisat ou d'un comté ne pouvait faire ni un marquis, ni un comte. Le fisc royal, qui perdait à ces fraudes, poursuivit toujours avec la plus extrême rigueur les fraudeurs.

sions de nouveaux titres, il fallait, de coûteux, de nombreux parchemins. D'abord des *lettres patentes*. On les appelait ainsi parce qu'elles étaient ouvertes, et par opposition aux *lettres closes* ou secrètes. Elles étaient scellées du grand sceau de l'État, car elles émanaient directement du roi, et elles étaient contresignées d'un des secrétaires d'État. Elles étaient délivrées par la grande chancellerie et sur parchemin; puis vérifiées par la Chambre des Comptes qui en donnait acte; nouveaux parchemins; puis par la Cour des Aydes, toujours de nouveaux parchemins! — Comme on pouvait anoblir une famille ayant perdu sa noblesse par dérogeance, ou autres motifs, ces lettres se terminaient toujours par cette singulière formule : « *Eumque, quantum opus est nobilitamus* », et nous l'anoblissons en tant que de besoin.

Voilà donc bien des paperasses; je me trompe bien des parchemins; un peu récents, il est vrai, surtout si on les compare aux titres anciens, consacrés par le temps, et que portaient les gentilshommes de nom et d'armes. Tous ces fameux parchemins, toutes ces formalités, avec les droits fiscaux qui les accompagnaient, ne furent exigés que vers la fin du xive siècle. La Chambre des Comptes, en effet, ne fut créée qu'en 1319, la Cour des Aydes qu'en 1355, et, à l'origine, ces cours souveraines n'avaient pas à s'occuper des anoblissements.

Il faut donc apprendre à ceux qui l'ignorent qu'avant le xve siècle il n'existait pas, il ne pouvait exister de ces titres que l'on appelle « titres de noblesse », du moins pour les véritables, les anciens nobles. Ceux-là n'ont pas de titres à produire qui sont gentilshommes antérieurement à 1350 ou à 1400. Nul ne pouvait leur contester une qualité qu'au vu et au su de tous ils possédaient de droit et de

fait depuis plusieurs siècles. Comme je l'ai déjà dit, leurs
preuves consistaient dans la notoriété ininterrompue, la
gloire de leur nom, les fonctions que leurs ancêtres
avaient remplies, enfin dans leurs généalogies fidèlement
tenues au courant par les clercs.

En parlant d'eux, il fallut désormais employer exclusivement le terme de *gentilhomme* et non pas celui de
noble, car, à dater de l'époque des anoblissements, le
qualificatif de noble ne fut appliqué qu'aux anoblis, comme
je vais le dire un peu plus loin. On admit comme vérité
incontestable « que tout gentilhomme est noble, mais que
tout noble n'est pas gentilhomme ». Voyez plutôt le Dictionnaire de l'Académie française : « Le prince fait des
nobles, mais le sang fait les gentilshommes. » Cette définition ne rappelle-t-elle pas, de loin, les : *par la grâce de
Dieu*, des Rocaberti, des Montmorency et des Pardiac?
Du reste, c'est ce qui explique la jolie boutade de la reine
Marie-Christine, disant un jour énergiquement à Espar-
tero : « Je t'ai fait comte de Luchana, marquis de
Peñacerrada, duc de la Victoire, mais je n'ai pu faire de
toi un gentilhomme [1]. »

Ce que la reine ne pouvait faire, l'obtention d'un titre
pouvait-elle le réaliser? — C'est ce que nous allons exa-
miner en traitant la question des titres.

Pour terminer, remarquons, en passant, que sous l'ancien régime, aucun savant, aucun poète, aucun homme de
lettres ne fut anobli. On réservait à leurs travaux, je dirai
pour beaucoup à leur gloire, la maigre récompense du
Cordon de Saint-Michel. Ordre promptement discrédité,
par l'abus qu'on en fit. Il était réservé à l'Empereur
Napoléon de réparer largement cette criante iniquité.

---

1. En Espagne, le souverain, ou la reine tutole leurs sujets.

CHAPITRE II

HISTOIRE DES TITRES FÉODAUX

§ I. — DES TITRES EN GÉNÉRAL

Les vieux dictons que nous venons de citer plus haut
(v. p. 25) sur le charron devenu marquis, le vacher chevalier, prouvent que pour obtenir des titres, il n'était pas
indispensable d'appartenir à la noblesse. Examinons donc
rapidement quelle était la signification de ces titres ; puis
quelles conditions il fallait remplir pour les acquérir;
enfin quels droits ils conféraient.

Pour ce faire, il faut remonter aux origines et revenir
encore une fois à l'époque de l'invasion des barbares, aux
jours de cette fusion violente de l'esprit latin, des institutions romaines, avec les mœurs et le droit germanique.

L'immense mouvement qui jeta sur l'Empire romain
tous les peuples de l'Orient, fut, tout à la fois, une expé-
dition militaire et une exode des nations barbares. Les
armées frayaient la voie, les femmes, les enfants, les
vieillards, les serfs suivaient. — Mais sans chefs il n'y a
pas d'armée. Voyons d'abord quels étaient ces chefs et
quels étaient leurs titres latins ou germaniques.

En tête, naturellement, venait le grand chef, en latin *rex*,
d'où le français *roi*, etc. Ce titre supérieur, à tous les
autres, n'a rien à démêler avec ceux qui nous occupent.

Mais au-dessous du roi, venait le général; en latin il
s'appelait *dux* (d'où notre mot duc), c'est-à-dire le conduc-

teur. Dans les langues germaniques, son titre avait le
même sens, mais plus explicite encore : *Herzog*, que
dans leur dictionnaire les frères Grimm expliquent ainsi :
« Herzog führer eines Heeres », le conducteur d'une
armée [1].

Le défenseur des frontières ou des marches (Marken,
comme on disait alors) était le Markgrafio, ou Markgraff,
d'où le français marquis.

Le comte c'était, par excellence, le compagnon ; tel est
le sens primitif du mot latin *comes*. Il accompagnait de
droit le souverain dans les périls de guerre. Le vicomte
(*vice comes*) le remplaçait en cas de besoin.

Quant au baron, titre essentiellement germanique,
et qui concerne plus spécialement que d'autres notre
nom, l'histoire de sa grandeur et de sa décadence, entraî-
nera d'assez longs développements par lesquels je termi-
nerai cette étude.

Les comtes formaient, comme on le dirait aujourd'hui,
l'état-major, la garde du souverain ; au xiii° siècle, on les
appela gens de la Mesnie (maison royale).

Mais en même temps que par rapport au roi, *comes*
signifiait compagnon, par rapport à l'armée il signifiait
chef. Le *comes stabuli*, à l'origine, fut le chef des écuries
royales (ce qu'on appela plus tard le grand écuyer). Mais
son pouvoir s'accrut, il devint le chef suprême de l'armée,
et, vers 1191, ce titre se francisant, il fut appelé connétable, dignité la plus élevée de l'ancienne hiérarchie militaire.

En résumé, disons que ces titres féodaux n'étaient,

1. Ils font remarquer que ce ne fut qu'au x° siècle, que le mot Herzog.
perdit son sens jusqu'alors uniquement militaire, pour prendre, petit à
petit, le sens politique et administratif qu'il a conservé depuis lors.

jusqu'au x° siècle, que des titres militaires, des désigna-
tions de grades, tels que, de nos jours, général, colonel,
commandant. Jusqu'au x° siècle ils n'établirent entre
les nobles aucune distinction hiérarchique. Ils leur
venaient tout à la fois de leurs fonctions de gouverneurs
de territoires plus ou moins étendus, et de leur position
de chefs militaires. Les *Libri Feudorum* (livre des fiefs)
leur reconnaissent franchement cette double origine. Elle
eut pour conséquence que du jour où ces chefs s'approprièrent les terres, ils s'approprièrent (et toujours héréditairement) tous les pouvoirs civils, administratifs et
militaires à eux délégués, pour les transformer en droits
de propriété personnelle; ils se trouvèrent tous égaux
entre eux, comme nous l'avons déjà dit. Ils avaient tous
tenu fonctions, pouvoirs, fortune, immédiatement du
souverain; ils ne dépendirent plus de personne quand ils
cessèrent de reconnaître l'autorité de ce dernier.

Du reste, pendant cette période de deux siècles environ
d'indépendance et d'égalité, et même longtemps après
encore, après l'asservissement de la noblesse à la royauté,
nul gentilhomme n'aurait admis cette hiérarchisation des
titres qui n'a fait loi qu'au xix° siècle seulement.

Quelques exemples vont le prouver.

Alors même qu'ils furent devenus ducs d'Aquitaine, les
comtes de Poitou conservèrent toujours leur titre de
comte (902-1137).

Robert II, duc de Normandie (1087-1096), prit le
titre de duc dans le préambule d'une charte, et celui de
comte au bas de la même pièce en la signant.

Bien plus : le titre souvent n'était qu'un signe honori-
fique, accompagnant le nom, sans reposer sur la possession d'une terre. Au x° siècle, les seigneurs de Turenne

étaient comtes héréditaires et il n'existait pas alors de comté au nom de Turenne.

Aux yeux du public, en général peu au courant de ces questions, le titre le plus élevé est celui de prince, car il est, le plus souvent, réservé aux enfants du sang royal. Or, le fils aîné des ducs de La Trémouille est titré de prince de Talmont (1469); celui des ducs de Noailles, de prince de Poix (1711); celui des ducs de Broglie, de prince également, mais de prince à titre du Saint Empire (1759).

Les Rohan, malgré leur fière et féodale devise :

> « Roi ne suis, »
> « Prince ne daigne, »
> « Rohan suis ! »

ne dédaignèrent pas les titres nombreux de :

> Prince de Léon,
> Prince de Soubise,
> Prince de Montbazon,
> Prince de Montauban,
> Prince de Guéméné,
> Etc., etc.

car dans ces etc., il faut ranger encore les trois cardinaux du nom de Rohan, princes évêques de Strasbourg.

Les Coucy, eux, qui formaient la plus illustre des maisons du nord de la France, restèrent jusqu'à la fin fidèles à leur dict :

> Ne suis roi, ne prince aussi,
> Je suis le sire de Coucy !

Aucun titre ne vint s'ajouter à leur nom seigneurial !

Quand on prend du galon, dit un proverbe, on n'en saurait trop prendre. Mai.., reconnaissons-le, tous ces galons furent pris au XVII° et au XVIII° siècle; l'esprit féodal avait disparu avec l'exécution du dernier des Montmorency (1632), et l'esprit vraiment aristocratique commençait déjà à disparaître.

Autre fait curieux et significatif qui, il n'y a pas un siècle encore, prouve la mince importance du titre comparée à l'importance du nom. Ce sont choses qu'il est bon de rappeler aujourd'hui alors que les traditions sont perdues, ou se perdent.

Un homme qui malgré sa vie entière glorieusement passée dans les camps, mais qui avait conservé les vieilles traditions dont je viens de parler, le maréchal comte de Castellane, nous apprend, dans son curieux *Journal* (t. I, p. 344 et suiv.), « qu'on n'appelait *gens de qualité* que ceux dont la famille n'avait pas été anoblie, et qui appartenaient à l'ancienne chevalerie. Il ajoute que si l'on avait dit d'un homme de qualité : c'est un noble, il en aurait été choqué, car *noble* voulait dire, dans ce sens-là, un anobli. »

L'homme de qualité appartenant à une famille illustre ou qui a été souveraine, était qualifié *d'homme de grande naissance*, tandis que l'anobli, dans la même position, était appelé *homme de bonne maison*. Et il ajoute : « On pouvait être titré sans être homme de qualité ou de grande naissance. Il suffisait d'être noble. On n'appelait gens titrés que les ducs. » — Que de nuances ignorées aujourd'hui !

Voici ce qui étonnera plus encore nos contemporains.

A l'exception du titre de duc, il était reçu avant la Révolution que les gens de qualité prenaient celui qui était à leur convenance[1]. « On ne changeait pas le titre de comte, dit encore le maréchal dans son *Journal* (*ibid.*), si on l'avait porté dans sa jeunesse, pour celui de de marquis. Mon grand-père s'appelait le marquis, mon père le comte, j'aurais été le marquis à mon tour si je n'étais entré tout jeune au service après l'abolition des titres » (*ibid.*).

Mais, tout jeune encore, il fut titré comte par l'Empereur, et ce titre, il le conserva même sous la restauration !

Par cette citation, et par bien d'autres encore s'il était nécessaire, on peut voir que sous l'ancien régime on n'attachait pas aux titres l'importance exagérée qu'on leur attribue de nos jours. Une barrière presque infranchissable existait entre l'aristocratie de naissance et celle provenant uniquement de la faveur du souverain, ou bien pis, de l'argent !

Les progrès du pouvoir royal d'un côté, de l'autre la décadence du régime féodal et la disparition de l'esprit de la chevalerie amenèrent de graves modifications dans l'organisation de la noblesse, dans sa manière de voir et de sentir. La chevalerie, je ne saurais assez insister sur ce point, avait développé les sentiments d'égalité parmi les gentilshommes ; les croisades en les ruinant, en les décimant, en faisant disparaître des races entières, firent adopter forcément des principes tout contraires.

L'habitude prise petit à petit de servir au loin sous les ordres du roi, la nécessité de subir son action plus ou moins dominatrice, par-dessus tout les concessions de vastes et riches fiefs, faites par le suzerain à ses frères, à ses cousins, à ses créatures, rendirent la noblesse moins

1. Il aurait fallu ajouter : « Parmi ceux auxquels la famille avait droit ».

réfractaire au pouvoir royal, à ses largesses, enfin à la collation des titres, toutes choses qui finirent par établir de profondes, d'importantes distinctions entre hommes qui jadis se considéraient tous comme égaux. La question de la richesse, puis celle de la faveur vinrent se combiner pour fléchir d'austères courages, et, en même temps, pour amoindrir le prix des distinctions qui n'auraient dû être réservées qu'aux plus éminents services. *Argent fait tout*, disait un de ces vieux dictons que j'aime à citer, car ils peignent une époque. Je sais que celui-là est applicable à bien des temps, peut-être même au nôtre. *Argent fait tout*, même des ducs auraient pu dire nos pères. Car, mais à la fin de l'ancien régime seulement, pour être créé duc, il fallait joindre à la naissance la possession, ou les droits suzerains, sur dix-sept villages à clocher, quatre comtés, autant de châtellenies mouvantes de la cour du Louvre et tenues du roi à un seul hommage; pour l'érection d'une terre en comté, outre cette terre, une baronnie et quatre châtellenies, ou bien six châtellenies d'une seule tenure, etc., etc.

Vers 1776, Motier, marquis de La Fayette, était en instance pour obtenir de la faveur royale l'érection de son marquisat en duché. Mais, pour ce faire, il lui fallait avoir, entre autres et en minimum, sous sa tenure féodale, les dix-sept villages à clocher ; il lui en manquait deux ou trois. Le débonnaire Louis XVI aurait passé outre, si l'opposition de la cour et des ministres ne l'avait fait reculer. De dépit, le célèbre marquis partit pour l'Amérique rejoindre ceux qu'on appelait les *insurgents*. Il en revint le citoyen La Fayette. On sait la suite…; telle fut l'origine de ses convictions républicaines, *Risum teneatis amici*….

Après cette courte digression sur le marquis révolutionnaire, parti de l'Œil-de-Bœuf pour rentrer à Versailles à la tête des septembriseurs, je reviens à l'objet spécial de cette étude.

J'ai dit plus haut que la première lettre d'anoblissement avait été signée en 1270 par Philippe le Hardi. Avec ses successeurs apparaissent les concessions de titres. Ces deux sortes de faveurs, bien qu'il faille reconnaître que certaines étaient justifiées, les unes et les autres contribuèrent à gagner certains nobles, à diminuer pour certains autres l'autorité et le prestige de l'antique noblesse.

Sous François Ier, dans les lettres de chancellerie, écrites pour augmenter l'imposition de la taille, on trouve pour la première fois la trop célèbre formule : « Car tel est notre bon plaisir ». Elle devait bientôt, sous Louis XIV et ses successeurs, devenir d'un constant usage.

Mais si la formule et ses applications étaient une nouveauté au xvie siècle, bien avant, dès le xiiie, on voit les rois essayer plus ou moins ouvertement, de la mettre en pratique. Déjà sous saint Louis, obligé d'appliquer effectivement le système féodal, le seul existant alors, le seul alors pratique et possible, le roi l'avait réglementé ; non pas tout à fait suivant son bon plaisir, mais tout au moins suivant ses désirs, sans que la noblesse fasse trop grande opposition.

Contrairement à l'esprit d'égalité qui dominait jusqu'alors dans la chevalerie, le roi entreprit une hiérarchisation de la noblesse, en prenant tout à la fois pour base et l'importance des titres, correspondant, ainsi que je l'ai dit, aux commandements militaires, et l'importance de la propriété territoriale, en tenant compte et de la richesse de la terre, et du nombre des vassaux relevants du domaine.

Saint Louis essaya donc de faire admettre qu'au sommet de l'échelle, naturellement était placé le roi ; après lui, les ducs, les marquis, les comtes, les barons ; enfin, et tout en bas, les simples chevaliers, divisés en bannerets, chevaliers de haubert et bacheliers [1].

Disons un mot de ces derniers, dont nous n'avons pas encore parlé. Le chevalier banneret, comme tous les membres de la noblesse, devait avant tout le service militaire à son suzerain. Du moment où il pouvait entretenir au moins cinquante hommes d'armes, de droit il les conduisait sous sa bannière.

Le chevalier de haubert n'était tenu qu'à se présenter en armes pour répondre à l'appel. Le bachelier, si, par fait de guerre, par héritage, etc., il augmentait ses terres, il augmentait également son contingent militaire, faisait solennellement couper la pointe de son pennon [2], le transformant ainsi en bannière carrée, et devenait banneret.

Il est de simples chevaliers, dont les noms sont restés et resteront immortels alors que bien des ducs, des marquis, des comtes, des barons seront oubliés. Faut-il citer Bayard, le chevalier sans peur et sans reproches ; le chevalier de Forbin, un de nos plus illustres chefs d'escadre, enfin, le chevalier d'Assas, dont le trépas héroïque sauva le régiment d'Auvergne à la bataille de Closterkamp (1760).

Le titre de chevalier était-il transmissible comme titre de noblesse ? La question fut discutée, et résolue affirmativement.

---

1. Il fallut plusieurs siècles pour faire adopter cette innovation toute en faveur de la royauté, toute au détriment de la noblesse.

2. Le Pennon, petit étendard ayant la forme d'un triangle long et étroit, se transformait en bannière par l'ablation de la pointe.

Enfin, et pour clore cette nomenclature, rappelons que le titre d'écuyer indiquait un degré de noblesse inférieur à celui de chevalier et par lequel il fallait passer pour arriver à la chevalerie : « Le bon escuyer fait le bon chevalier », et ce proverbe s'appliquait aussi bien aux écuyers de corps qu'aux écuyers d'écurie, aux écuyers tranchants, aux écuyers d'honneur, à tous en un mot.

La femme d'un écuyer, quelle que fût sa naissance ou celle de son mari, ne pouvait être titrée de Madame, elle restait Mademoiselle tant que son mari était écuyer. Ainsi, Simon, vicomte de Thouars et comte de Dreux, ayant été tué dans un tournoi le jour de ses noces (1365), sa veuve, Jeanne d'Artois, quoique princesse du sang, ne prit jamais d'autre titre dans les actes qu'elle signa que celui de Demoiselle, parce que son mari n'était encore qu'écuyer au moment de sa mort.

Du reste, pour quiconque veut se renseigner sur les valeurs exactes des qualifications d'écuyer, de chevalier, je ne saurais mieux faire que de les renvoyer aux études de M. A. de Barthélemy : 1° *De la qualification de chevalier* (*Revue nobiliaire* 1868), et 2° *De la qualification d'écuyer* (*ibid.*)

Les successeurs de saint Louis développèrent son œuvre en prodiguant les titres, en augmentant à leur gré la valeur de ceux qu'ils attribuaient à chacun.

Est-ce à dire, pour cela, que tous les membres de la vraie noblesse furent tous des solliciteurs, des quémandeurs de titres ? Non, certes ! A côté de familles dont nous ne voulons pas rappeler les noms, il s'en trouva, et de nombreuses, qui se renfermèrent dans leur dignité, fuyant la cour, et partant ses titres et ses honneurs. Telle fut celle des Séguier, dont, sous Louis XIV, le chancelier de France

Pierre Séguier. Bien que suivant Tallemant des Réaux,
« il fût l'homme du monde le plus avide de louanges »,
il ne fut pas avide de titres, et ne porta jamais, non plus
qu'aucun des siens, le titre de duc de Villemor, qui lui
avait été concédé en 1650.

En Prusse, Frédéric Ier, alors qu'il n'était qu'Électeur
de Brandebourg, voulut créer comte son favori, M. de
Kameke, qui refusa cette grâce en déclarant qu'il préférait
être un des bons et anciens gentilshommes de sa province
plutôt que de devenir le dernier comte du royaume. Il en
fut de même pour les Schwerin. Ils soutenaient « que leur
nom valait tous les titres », et ne pardonnèrent pas à l'un
d'eux (le grand écuyer de Frédéric) d'avoir usurpé un
titre en Autriche[1].

Chose bizarre ! l'importance des titres s'accrut en même
temps que s'affaiblissaient les privilèges réels de la
noblesse. Elle perdait en effet peu à peu tous ses droits
effectifs les uns après les autres : celui de rendre la justice haute et basse ; de percevoir des redevances en dehors
de ses terres propres ; de battre monnaie ; d'entreprendre
des guerres privées. Elle ne conserva, jusqu'en 1789, que le
droit de verser son sang[2] pour le roi, et le droit de chasse[3],
qui la rendait odieuse au peuple des campagnes.

1. Cf. *Mes Souvenirs de vingt ans de séjour à Berlin*, par Dieudonné
Thiébault, t. II, p. 235.
2. Ce droit était accompagné de lourdes charges : les gentilshommes faisaient pour ainsi dire la guerre à leurs frais. Bien plus, quand l'un d'eux
levait un régiment, il supportait d'abord la dépense des primes d'engagement,
de la solde, des frais d'entretien et de nourriture jusqu'à l'arrivée du corps
à l'armée.
3. Droit essentiel cependant pour la petite noblesse (cent ans civière !),
ce droit permettait de vivre aux gentilshommes pauvres, qui ne se nourris-
saient guère que du produit de leur chasse. Aussi, les appelait-on ironiquement : *gentilshommes à lièvre* !

Dépossédée de ses droits, de ses privilèges, de tous ses pouvoirs, nous l'avons déjà dit, mais nous ne saurions assez insister sur ce point, la noblesse ne put défendre la royauté aux jours du péril ; l'une et l'autre succombèrent ensemble.

Déjà, lors de la célèbre nuit du 4 août, dans un élan irrésistible d'enthousiasme patriotique, la noblesse des États généraux avait volontairement renoncé à ses titres, à toutes ses prérogatives. Cet abandon fut sanctionné, confirmé, aggravé par le décret du 19 juin 1791, qui supprima *définitivement* (sic) la noblesse héréditaire ainsi que les titres nobiliaires.

La République des États-Unis d'Amérique avait donné l'exemple [1]. Il fut suivi d'abord par la République française, puis, plus tard, par la République suisse, enfin par le royaume essentiellement démocratique de Norvège. Ces mesures législatives confirment la réflexion aussi juste que profonde d'un esprit véritablement libéral, M. de Tocqueville, qui, dans l'ouvrage intitulé *De la démocratie en Amérique*, a dit excellemment : « L'envie est la base des démocraties. »

Mais qu'importent les envieux ? — Lorsque, l'on verra, serait-ce dans des siècles d'ici, les fils de MM. Durand, Dubois, ou Dupré à côté d'un descendant d'un Pasteur, d'un Montmorency, comptant sept connétables et trois maréchaux de France parmi ses aïeux, ou encore d'un Masséna, que Napoléon appelait « l'enfant chéri de la victoire», je sais bien sur qui se porteront instinctivement les yeux, lors même que le Pasteur, le Montmorency

---

1. Voir ma brochure, *De la création d'une noblesse nationale aux États-Unis*, Paris, 1892, in-8.

n'auraient que leur nom sans aucun titre. Leur nom, c'est assez, ce sera toujours assez !

> Enfants, fils des héros disparus, fils des hommes
> Qui firent mon pays plus grand que les deux Romes,
> Et qui s'en sont allés dans l'abîme engloutis !
> Vous que nous voyons rire et jouer tout petits,
> Sur vos fronts innocents la sombre histoire pèse ;
> Vous êtes tout couverts de la gloire française !
> . . . .
> Oh ! quand l'âge où l'on pense, où l'on ouvre les yeux
> Viendra pour vous, enfants, regardez vos aïeux.
> . . . .
>
> Soyez nobles, loyaux et vaillants entre tous :
> Car vos noms sont si grands qu'ils ne sont pas à vous !
> Tout passant peut venir vous en demander compte.
> Ils sont notre trésor dans nos moments de honte,
> Dans nos abaissements et dans nos abandons ;
> C'est vous qui les portez, c'est nous qui les gardons ! [1]

Napoléon rétablit en France et la noblesse héréditaire et les titres « définitivement abolis en 1791 ». Mais il les rétablit sur des bases nouvelles. Pour rompre entièrement avec le système féodal, il repoussa la possession de la terre comme principe fondamental de l'institution qu'il voulait réédifier. Il prit comme base unique de la nouvelle noblesse les services rendus par l'individu, ou par ses ancêtres, à l'État, à la patrie. Quant aux titres il les distribua proportionnellement aux grades, à la position des impétrants, à leur notoriété, à leur célébrité. Ainsi les maréchaux, les hauts fonctionnaires furent titrés de princes ou de ducs ; les généraux, les chefs de la magistrature, les sénateurs, de comtes ; enfin les préfets, les

---

1. Victor Hugo, Œuvres posthumes.

colonels, de barons. C'est ce qu'on appela hiérarchiser la noblesse.

Mais en la hiérarchisant l'empereur lui infusait un sang nouveau et généreux. Il fut le premier des souverains sachant reconnaître qu'en dehors de l'armée, du clergé, de la magistrature, de l'administration, il y avait encore d'autres services, et des plus glorieux, rendus à l'État, « sortants, comme il l'a dit, d'une source pure et dont la transmission à la postérité n'était que justice. »

Le premier, Napoléon accorda la noblesse et des titres aux savants, aux littérateurs, aux artistes, et ses choix furent heureux. Il avait déclaré que si Corneille avait vécu de son temps, il l'aurait fait prince ! — Il n'eut pas de Corneille. Mais dans l'Institut impérial de France, il sut puiser largement pour créer des comtes, tels que : Fourcroy, (1808), Berthollet (id.), Cabanis (id.), Lacépède (id.), La Place (id.), Merlin (id.), Monge (id. [1]), Volney (id.), Ségur (1809), Chaptal (1810 [2]).

Puis des barons : Guyton-Morveau (1811), Delambre (id.), Silvestre de Sacy (1813).

Enfin des chevaliers : le peintre David (1808), faut-il rappeler ici qu'il avait compté au nombre des régicides ? Dacier (id.); Legendre (1811); Cuvier, il n'était encore qu'à ses débuts (id.); Lévêque (id.); Visconti (1809); Vauquelin (id.). En dehors des classes de l'Institut, on trouve le musicien Daleyrac, chevalier en 1809 ; le peintre Regnault (id.); puis la série des médecins : Corvisard (baron, 1808); Broussonet (chevalier, 1811); l'accoucheur de l'Impéra-

1. Créé comte de Péluse.
2. Créé comte de Chanteloup.

trice, Dubois (1812) ; Sue, le père du romancier Eugène
Sue (chevalier 1808); Taillefer (chevalier, 1810); Heurte-
loup (baron, 1810) ; Yvan (baron, 1810) ; Cadet de Gassi-
court (chevalier, 1810), bien plus connu comme chimiste
que comme pharmacien.

Terminons en rappelant que le grand maître de l'Uni-
versité Fontanes, qui a laissé un certain nom, fut créé
comte en 1808, mais comme fonctionnaire plutôt que
comme homme de lettres.

Dans cette énumération de savants, j'ai laissé de côté
volontairement les noms de Gassendi (comte, 1809), et de
Carnot (comte, 1815), anoblis et titrés plutôt comme
hommes de guerre que comme savants.

Louis XVIII, dans son ordonnance royale du 2 septembre 1819, suivit l'exemple donné par l'empereur.
Cette ordonnance ménageait, tout à la fois, les droits de
l'ancienne et de la nouvelle noblesse, pour essayer d'amener entre elles une fusion difficile à opérer. Elle avait
également pour but de forcer l'Europe rétive à reconnaître des titres qui rappelaient aux souverains, encore
récemment coalisés contre la France, d'humiliants souvenirs : Wagram, Elchingen, Castiglione, Rivoli, la Mos-
kowa, Auerstaedt, Dantzig, Montebello, Valmy, etc. [1].

Imitateur servile de l'assemblée nationale de 1791, le
gouvernement provisoire de 1848, le lendemain même de
la révolution, le 28 février (quelle urgence !), s'empressa,
lui aussi, d'affirmer son esprit républicain, en abolissant
encore une fois, et toujours *définitivement*, tous les titres
de noblesse !

1. Le titre de duc de Ligny, donné par l'Empereur au général Girard, ne
fut jamais reconnu.

Ils furent rétablis par Napoléon III, en vertu du décret du 24 janvier 1852.

Jusqu'à ce jour, la République actuelle n'a pas essayé de recommencer l'œuvre de 1791 et de 1848. Elle affecte de négliger le question.

Telle est résumée, aussi brièvement que possible, l'histoire de la noblesse et des titres, à l'exception de celui de baron, qui, porté spécialement par notre famille, me force à entrer dans quelques détails complémentaires.

§ II. — DU TITRE DE BARON

Le mot de baron dérive du haut vieil allemand *ber*, qui, passé sous cette forme dans le vieux français, donne, au régime, baron.

À l'origine, ce mot avait avant tout le sens du latin *vir*, l'homme par excellence, et comme conséquence logique l'homme brave. On lit dans la chanson de Roland :

> Karlemaine nostre emperere ber.

ou bien :

> ..... de Roland le Baron,
> En Roncivaus, quand nos le troveron.

Il ne tarda pas, naturellement, à devenir synonyme de guerrier par excellence, de chef militaire, de noble par-dessus tout. Puis, par extension, il fut appliqué aux saints; on les appela « les Barons de la cour céleste », comme le premier des titres, et l'on peut lire : « à la riche abbaye du Baron Saint-Maart [1] », ou bien encore : « ... à Dieu

---

1. Saint Médard. *La chanson des Saxons*, VIII, édition de Fr. Michel.

s'est commandée (recommandée) et au Baron Saint-
Pierre[1] »

Ces exemples prouvent en quelle estime était tenu ce
titre qui ne s'appliquait qu'à la plus haute noblesse et dont
il devint le synonyme.

En effet, pour désigner la guerre civile à la suite de
laquelle la noblesse d'Angleterre put arracher à Jean sans
Terre les concessions énumérées dans la *Magna Charta*
(1210-1215), cette base européenne du système parlemen-
taire, on a appelé cette page de l'histoire la *guerre des
Barons*, et non pas la guerre des ducs ou des marquis.

De même en Italie. La grande conspiration de l'aristocratie gibeline contre Charles d'Anjou fut appelée *la
congiura dei Baroni* : partout baron était synonyme de
vieille et haute noblesse.

Ce ne fut que fort tard que les Montmorency (1551), les
Créquy en 1652, sous Louis XVIII, les Bauffremont, déjà
marquis de Listenois, d'Arc-en-Barrois, princes du Saint-
Empire, obtinrent de la faveur royale le titre de duc. —
Dans les dictons très anciens qui nous sont restés, la voix
populaire ne les célèbre que sous leur premier, leur plus
vieux titre :

> Les Bauffremont,
> Les bons Barons !

> Créquy haut Baron,
> Créquy haut renom !

« Les Montmorency, les premiers barons de France[2] ».

---

1. *Berthe aux grands pieds*, XL, édition de Paulin Paris.
2. Ou les premiers barons chrétiens. On les appelait aussi les premiers
barons de France (*id est* de l'Ile de France), parce qu'ils étaient *avoués* de
l'illustre et royale abbaye de Saint-Denis.

Nul n'aurait dit, les Créquy, les Bauffremont, les Montmorency les premiers ducs ou les premiers comtes. Non ! Baron était le titre primitif, le titre inoubliable de ces antiques maisons, le seul enfin dont le peuple garda mémoire.

Au xiv° siècle, quand les rois commencèrent à établir une sorte de hiérarchie entre les gentilshommes (jusqu'alors, nous l'avons dit plus haut, les titres n'entraînaient avec eux aucune conséquence sociale), le titre de baron fut conservé et réservé aux seigneurs dont les fiefs relevaient immédiatement du seul souverain.

Théoriquement, ce dernier était le maître du royaume. A l'origine, comme je l'ai déjà dit, il avait présidé à la distribution des provinces, des terres, des seigneuries entre les chefs de diverse importance, qui avaient pris part à la conquête. A leur tour, ces derniers les rétrocédèrent à leurs fidèles (leudes), mais toujours sous certaines conditions, dont les plus essentielles étaient le service militaire et la rétention du droit de *seigneurie directe*.

Un exemple me fera plus facilement comprendre.

Le duc de Bourgogne, un des plus puissants seigneurs de France, tenait directement son duché du roi, dont il relevait directement, dont il était par conséquent le vassal immédiat, tenant de lui un fief royal.

Mais ce fief royal n'était pas sa propriété absolue. Il avait dû, à son tour, en concéder, et aux mêmes conditions, des parts à ses compagnons : les Damas, les Chatellux, les Foudras, les La Guiche, les Chateauvillain, etc., etc. La Bourgogne restait toujours fief royal, mais en même temps, à l'égard des Damas et autres, elle devenait alors *fief dominant* ou *fief suzerain*, dont le possesseur avait lui aussi sous sa dépendance des *arrière-fiefs* soumis aux mêmes conditions.

La société féodale pouvait donc être comparée à un escalier dont la marche la plus élevée aurait été occupée par le roi ou l'empereur, les secondes par les vassaux directs du souverain, les dernières par les arrière-vassaux, et tout en bas par la bourgeoisie naissante, par les vilains, enfin par les serfs.

Or, je le répète et j'insiste sur ce point, il n'y avait pas, à proprement parler et à l'origine, de hiérarchie dans la noblesse avant le xive siècle. Les divers titres que portaient les gentilshommes n'avaient aucune conséquence sociale [1]. La seule distinction pratique entre eux était celle établie par les liens de la vassalité directe, entre le roi par exemple et le duc de Bourgogne, et la vassalité indirecte, comme celle des Chastellux, des Foudras, etc., d'abord avec leur duc, puis ensuite avec le roi, entre les grands fiefs et les arrière-fiefs. Le possesseur d'une terre *mouvant* du duc devait, en cas de guerre, marcher avec le duc contre les ennemis du duc; puis aussi, avec le duc, contre les ennemis du roi. Mais, quant le duc faisait la guerre au roi? — Que devait faire alors le vassal? — La question des mouvances explique seule mille faits difficiles à comprendre de l'histoire du moyen âge.

Dans le Saint Empire comme en France, le titre de baron était à l'origine réservé aux vassaux immédiats du souverain, ainsi que nous l'avons expliqué. De là vient le titre allemand de *Freiherr* (*liber Baro*, libre seigneur); il prouve que les barons ne devaient serment d'allégeance qu'au souverain seul. Telles étaient, surtout, les baronnies françaises de Bourbon, de Beaujeu, de Coucy, de Craon, de Sully, etc.

1. V. plus haut, p. 10, 13, 20, 35 et 38.

A côté de ces baronnies qu'on peut appeler, plus que d'autres, baronnies royales, on peut placer les « quatre Baronnies du Périgord » : celles de Biron (dont le maréchal, décapité sous Henri IV) ; celle de Bourdeille (dont Pierre, seigneur de Brantôme, le célèbre historien); celle de Mareuil (dont Hugues, qui se signala entre tous à la bataille de Bouvines); enfin, celle de Beyrac. Ces quatre barons se disputèrent, souvent les armes à la main, non pas le titre de baron, mais bien celui de premier baron du Périgord. Elles remontaient toutes à l'an 1000 et quelques.

Parmi tant d'autres que je pourrais citer hors de France, je ne veux en mentionner qu'une la baronnie antique de Blonay, en Savoie. Ici je laisse la parole au savant comte A. de Foras, qui s'exprime en ces termes :

« Quoique les Blonay soient marquis, comtes et barons dans le sens moderne, en vertu des terres qu'ils possédaient portant ces titres, on ne les appelle en Chablais que les barons de Blonay. Blonay n'a jamais été érigé en baronnie; mais depuis les origines de notre histoire, les Blonay ont toujours été barons dans l'antique sens du mot, correspondant à haut vassal et grand seigneur. Ils doivent donc porter de préférence le titre de baron. Pris de cette manière, il est bien plus relevé que ceux formant maintenant la hiérarchie des titres, et les dépasse de toute la différence existant entre une haute position *huit fois séculaire*, ne relevant que de l'histoire, et une bicoque flanquée de tours, érigée en marquisat, en comté ou en baronnie par la volonté d'un prince [1]. »

Le corps des barons formait le baronnage, institution si

1. *Armorial et nobiliaire de l'ancien duché de Savoie*, t. I, p. 211.

puissante que, quatre siècles après sa disparition, le duc de Richelieu, dans une lettre de 1774, pouvait encore écrire, en revendiquant les droits des ducs et pairs : « Il est prouvé que la pairie est la vraie noblesse et la vraie juridiction suprême du royaume. C'est l'ancien baronnage, c'est le vrai parlement, aussi ancien que la monarchie ! »

Pourquoi et comment ce titre de baron, après avoir primé tous les autres pendant des siècles, est-il tombé à l'un des derniers rangs dans l'échelle des titres ?

Par plusieurs motifs.

Le premier, c'est l'abus qu'en ont fait les rois lorsque, en négligeant la clause essentielle de la vassalité immédiate à la couronne, ils s'arrogèrent le droit de conférer ce titre à qui bon leur semblait. Le second c'est que ce titre, n'indiquant que l'antiquité de la race, n'entraînait pas forcément à sa suite la concession de fiefs riches et importants. Rappelons ce que nous avons dit plus haut (p. 33 et 34) : à l'origine, le titre était tout simplement la désignation du grade militaire, il était donc naturel que le fief concédé au général (*dux*) fût plus considérable que celui attribué au simple compagnon du roi (*comes*).

Aux barons donc, les fiefs les moins riches. C'est à eux surtout que l'on put appliquer le proverbe : « Cent ans bannière, cent ans civière », c'est-à-dire : cent ans le droit de mener les hommes aux combats sous son propre étendard, et cent ans ensuite à en être réduits à la civière, c'est-à-dire au plus vil moyen de transport [1]. C'est donc

---

1. Cf. mon *Étude sur les Devises personnelles et les Dictons populaires*. Par divers exemples, je prouve la justesse du dicton : « cent ans civière ».

dire qu'à la suite de la richesse vient la pauvreté, puis la décadence, puis l'oubli du nom et du titre.

A l'heure actuelle encore, il est plus facile de se créer un nom, d'obtenir un titre que de faire revivre un nom et un titre déchus.

Enfin le dernier et non pas le moindre motif du discrédit relatif du titre qui nous occupe, ce fut : d'une part, la réorganisation hiérarchisée de la noblesse par l'empereur Napoléon, dont nous avons parlé plus haut ; d'autre part, la prodigalité avec laquelle certains souverains allemands accordèrent ce titre aux banquiers qui leur avaient prêté de l'argent.

§ III. — DU TITRE DE BARON ET DE LA FAMILLE DE WATTEVILLE

Après ce long préambule, indispensable, je le crois, pour éclairer la question, j'arrive, mon cher cousin et ami, au point essentiel de cette note, et je vais indiquer sur quelles bases sont fondés les droits de notre famille à porter le titre de baron.

D'actes écrits, de parchemins datant du jour où le nom apparaît pour *les premières fois* dans l'histoire, d'après tout que je viens de rappeler, il n'en existait pas alors, il ne pouvait pas en exister. Nous sommes barons, qu'il me soit permis de le dire, comme le furent les Montmorency, les Créquy, les Bauffremont. Ils sont, comme nous le sommes, « gentilshommes de nom et d'armes », et comme eux également nous avons ce droit indiscutable qui s'appelle la *possession d'état*, qui a pour base : d'abord, les témoignages des contemporains, puis les récits des chroniqueurs, puis les généalogies régulièrement tenues, enfin les actes de la vie publique ou privée.

Or, les législations de tous les pays sont d'accord sur la définition de ce terme, la possession d'état : « Elle consiste en cette notoriété qui résulte d'une suite non interrompue d'actes faits par la même personne, ou par la même famille, en une même qualité. La possession d'état s'établit par une réunion suffisante de faits qui indiquent les rapports de filiation entre un individu et la famille à laquelle il prétend appartenir ».

Dans notre cas, la filiation des nombreux membres de la famille de Watteville est-elle mise en question ?

— Non.

Voyons donc rapidement l'histoire de notre famille pour rechercher si tout ne vient pas concorder pour justifier cette possession.

Pour commencer, remontons seulement au xviii siècle, en indiquant d'abord une simple possession d'état, mais plus que séculaire.

D'après Leu (*Die vornehmsten, jetztlebenden Häupter der Eidgenossenschaft*, Zurich, 1726), d'après La Chesnaye-Desbois (*Dictionnaire de la noblesse*, Paris, 1770), bien que les premières origines soient toujours obscures et « se perdent, suivant la phrase consacrée, dans la nuit des temps », les Watteville descendraient de Henri, duc de Basse-Bavière, fils de Guelfo ou Welfo Ier, qui vivait au xe siècle. « De cette souche et de même qu'eux, seraient issus les comtes et seigneurs d'Arberg, les barons de Reitenau, les comtes et seigneurs, plus tard princes, de Sinzendorf ainsi que les Ehrenfels, barons de Schauenstein. » De Bavière, les Watteville vinrent se fixer d'abord sur les rives du lac de Constance, puis au village de Watteville en Thurgovie.

Plus tard, ici les faits se précisent et deviennent plus certains ; au xiᵉ siècle, on les trouve possédant des seigneuries près de Thoun et de nombreux domaines à titre de fiefs relevant *directement* du Saint Empire par les liens de la *vassalité immédiate* à la personne de l'empereur. Il n'en fallait pas plus, nous l'avons dit plus haut, pour posséder de droit le titre de baron, sans autre formalité, par la raison bien simple qu'au xiᵉ siècle, il n'en existait pas (v. p. 34, 48, etc.). Nul ne pouvait mieux que les Watteville se dire gentilshommes de nom et d'armes.

Ah ! si l'on pouvait prouver que l'un des nôtres avait acheté ce que nos pères appelait plaisamment une *Savonette à vilain*, c'est-à-dire une de ces terres dont la possession servait à anoblir (et encore plus ou moins) les propriétaires ; pour ceux-là il existe des titres écrits ! Mais non ! comme les Rocaberti, les Tizon, les Pardiac (v. p. 12, 13, 32), nous, nous pouvons aussi nous dire barons « par la grâce de Dieu ».

Demander la production d'actes écrits, quatre ou cinq siècles avant que ces actes ne soient inventés, c'est faire preuve ou d'ignorance ou de mauvaise foi.

Allez donc réclamer les quatre actes de mariage des quatre femmes de Charlemagne ; l'acte de naissance d'Hugues Capet ou bien le procès-verbal de son élection au trône. Ce ne sont pourtant pas là des actes sans importance.

Mais alors où trouver la preuve de ces mariages, de cette élection ? — Chez les chroniqueurs, chez les historiens, et là seulement.

Que nos détracteurs étudient la Chronique des Bénédictins du xiᵉ siècle, intitulée *Chronicon Weingartensee*, ou

bien les « Tables de Reitenau » dont nous avons déjà
parlé ; qu'ils fouillent les archives d'État de Berne, de
Paris [1], de Turin, de Simencas, de Bruxelles, de Mons, de
Munich, de La Haye, s'ils sont en état de les comprendre,
ou même tout simplement de les lire, ils seront aussitôt
édifiés.

Du reste, ne fallait-il pas être noble et souvent même
titré, pour être admis dans les tournois, comme le fut, en
1392, Ernest de Watteville à celui de Schaffouse ; pour
avoir ses filles admises dans le chapitre noble de Château-
Chalon qui exigeait la preuve de seize quartiers de
noblesse, que fournirent consécutivement cinq dames
abbesses de notre nom au xvii° et au xviii° siècle [2].

Il en fallait moins pour le chapitre noble de Sainte-
Waudru, à Mons en Hainaut, où l'on compte trois chanoi-
nesses du nom et des armes, et quatre autres filles de
dames de Watteville, portant les noms de leurs pères :
le baron de Stein, le prince de Gavre, le comte de Rodoan.

Peut-on admettre qu'une famille ni noble, ni titrée,
aurait pu contracter des alliances telles que celles dont je
vais rappeler quelques-unes :

En Suisse, avec les d'Erlach, les Hallwyl, les Diesbach,
les Bonstetten, les Mülinen, les Sinzendorf.

En Europe, avec les Grammont, les Chauvirey, les
Boba, les de Costa, les Nassau-Dillenbourg et les Hol-
stein-Sonderbourg [3], les Turenne, les Bauffremont, les

---

1. Et à Paris encore les archives spéciales du Ministère de la guerre et du
Ministère des affaires étrangères d'où j'ai tiré de précieux renseignements
pour l'étude intitulée : *Une page de l'histoire du régiment de Watteville.*

2. Voir ma brochure sur les *Ex-libris de la famille de Watteville.*

3. C'est par ces deux dernières alliances, que Thomas-Eugène de Watteville, capitaine de cavalerie, tué au siège de Rethel (1650), et son frère Jean,
capitaine au service d'Espagne, tué plus tard en Italie, se trouvaient les
neveux de Turenne.

Saint-Mauris princes de Montbarey, les Choiseul, les Pontchartrain, les Mérode, les princes de Gavre.

Qui croirait que les premiers venus auraient été, comme les membres de la branche franc-comtoise de notre famille, reconnus grands d'Espagne, rang qui donnait droit au *descubierto*, c'est-à-dire au droit de rester couvert devant le roi, et assimilait ces hauts dignitaires aux ducs et pairs français [1].

Enfin qui ignore que jusqu'à la Révolution française, les grades supérieurs dans toutes les armées étaient réservés à la haute noblesse. D'illustres « *parvenus* », tels que Roze, Fabert, Jean de Werth, etc., étaient des exceptions. Or, quelles sont les familles qui peuvent compter comme la nôtre des commandants en chef des armées, des lieutenants généraux, sans parler des autres, en Suisse, en France, en Espagne, en Bavière, en Savoie, en Italie, en Hollande, en Europe et hors d'Europe?

Ne fallait-il pas être noble et titré sans conteste, pour être admis dans les ordres illustres de l'Annonciade, de la Toison d'or, de Saint-Georges; pour obtenir les plus hauts grades des ordres militaires de Saint-Louis ou du Mérite militaire? Les titres de toute nature des candidats étaient scrupuleusement examinés, vérifiés et enfin enregistrés par des juges compétents. On n'a qu'à ouvrir les histoires de ces ordres, pour être immédiatement édifié sur tous ces points.

J'en reviens au fameux titre de baron. Les personnes, et elles sont nombreuses, qui de nos jours ignorent les règles de l'ancienne étiquette et les usages des cours,

1. V. Saint-Simon, t. III, ch. xii.

pourraient nous objecter que dans les lettres adressées par les souverains (Henry IV, Louis XIV, Philippe IV, etc.), à des membres de notre famille, ces rois ne leur donnent pas le titre de baron en leur écrivant.

La réponse à cette soi-disant objection est des plus faciles. JAMAIS *les rois*, dans leur correspondance, *ne mentionnent les titres des personnes auxquelles leurs missives sont adressées*. Mais, par contre, ces titres ils les énumèrent pour les personnes dont ils parlent, dans le corps de la lettre.

J'ai fait copier d'une part aux archives royales d'Espagne à Simencas, de l'autre à celles du Ministère des affaires étrangères de France, toutes les pièces, toutes les lettres relatives à la célèbre querelle de préséance, qui amena un combat sérieux de plusieurs jours dans les rues de Londres (1661), entre le baron Don Carlos de Watteville, ambassadeur du roi d'Espagne, et le marquis d'Estrade, ambassadeur du roi de France. J'ai sous les yeux tous les documents relatifs à cette question, qui faillit amener en Europe une guerre générale.

Dans ce volumineux recueil, je trouve, pour ne citer que deux exemples entre des centaines, une lettre du roi d'Espagne au roi d'Angleterre, en date du 3 novembre 1661 : « ... considérant que le Baron de Watteville... ». De même faisait Louis XIV, qui, le 5 octobre de la même année, écrivait au marquis d'Estrade, auquel il ne donne ni son titre de marquis ni son titre d'ambassadeur : « ... l'avis est que le général Monk (*sic*) a promis au Baron de Watteville.... »

Ainsi faisaient les princes souverains. Dans une lettre datée « de Thurin ce xxiiiᵉ jour de may 1604 (qui fait partie des collections de M. Morin-Pons et qu'il a bien voulu me communiquèr), lettre du duc de Savoie adréssée au duc de Lorraine, on lit : « Je vous dépesche le Baron de Watteville, gentilhomme de ma chambre, et Lieutenant général de la cavallerie en Savoye, etc. » Le duc de Savoie, les rois de France ou d'Espagne auraient-ils donc ignoré l'étiquette, les usages des cours et la qualité dès personnes dont ils parlaient ?

Quant aux ministres, eux, Mazarin, Brienne, etc., toujours, soit en écrivant directement à un Watteville, soit en parlant, toujours ils lui donnent le titre auquel il a droit.

Bien plus. Les ministres espagnols dans leur correspondance avec ce même Don Carlos, que leur roi avait titré de comté de Corvierre, ne lui donnent pas ce titre nouveau, concédé par Philippe IV, dans leur correspondance officielle, mais bien le titre antique de baron de Watteville. Cela prouverait, s'il en était besoin, et l'ancienneté du titre, et l'importance qui lui était acquise. Je devrais dire également : et la notoriété, car tous les historiens espagnols n'appellent Don Carlos que le grand *baron de Batteville* [1].

Avant de terminer cet abrégé, très sommaire, de ce qui concerne les documents écrits ou imprimés sur l'histoire de notre famille, une observation d'ordre général sur les archives et les chartriers [2].

Après des siècles écoulés, après tant de guerres politiques, civiles, religieuses, après tant de révolutions, com-

1. Batteville pour Watteville par la permutation du V en B, si fréquente en Espagne et dans le Midi de la France.
2. Le mot archives désigne, en général, la collection des pièces appartenant aux villes ou à l'État ; le mot chartrier, la collection de celles appartenant aux familles nobles.

bien y-a-t-il de familles en Europe qui puissent se vanter de posséder un chartrier complet ? — Les plus importants que je connaisse, sont ceux des Beauffremont, des La Trémoïllle, des Villeneuve, des Lévy. Ils comptent chacun près d'une centaine de mille pièces, originaux ou copies. Sur ce nombre, combien d'actes (sauf ceux qui se rapportent aux titres octroyés par les rois) qui constatent leur noblesse ? — Peu ou point, et d'ailleurs ils n'en avaient pas besoin. Sous l'ancien régime, la noblesse européenne formait une caste encore assez fermée pour que tous les membres se connussent et fussent liés les uns aux autres par la parenté, les alliances, ou, tout au moins, par la confraternité des armes.

Pour les Beauffremont, avec dates certaines, nous savons qu'ils ont été créés princes du Saint Empire en 1757 ; ducs et pairs, en 1817 ; pour les La Trémouïlle, qu'ils ont été créés ducs de Thouars en 1563 ; pour les Villeneuve, plus anciens que les précédents, probablement, ils étaient, ils sont « les plus anciens marquis de France », car la seigneurie de Trans fut érigée en marquisat en faveur de Louis de Villeneuve en 1505.

. Parce que les romans, les pièces de théâtre parlent sans cesse des parchemins de la noblesse, il ne faut pas s'imaginer que les demeures des gentilshommes soient bourrées de « peaux de vélin », constatant les titres d'ancienneté de la race ou de dignités, ou encore de généalogie que tout le monde d'alors connaissait. Il n'en est rien. La plupart des actes dont se compose un chartrier consistent en contrats de mariage, d'achat, de vente, de location, de fermage, et de droits accessoires ; en testaments, en mémoires sur procès, en prêts ou en avances de fonds aux fermiers, etc., etc.

Dans ces archives, les pièces relatives aux *affaires* sont les plus nombreuses, et de beaucoup [1].

Aussi jamais les paysans n'ont-ils pris le change. Dans toutes leurs révoltes, dans tous les temps et dans tous les pays, leur premier soin a-t-il été de brûler le château, et par conséquent le chartrier renfermant les titres constatant qu'ils étaient les débiteurs de leurs seigneurs et maîtres.

Ce fut surtout leur grand souci en 1789 ; ils n'attendirent même pas 1793 ! Les droits de l'homme et du citoyen... encore une fois : *risum teneatis* ! — Mais les droits de leurs créanciers ! C'était bien autre chose ! avec un tison enflammé ils en furent libérés !

Je reviens à la possession d'état, dont j'ai parlé au début de ce chapitre. Donc, cette possession peut se justifier d'abord par des actes notariés, des lettres patentes ou autres documents écrits. Pour l'acquérir ou la prouver on peut s'appuyer également sur l'autorité d'ouvrages imprimés, mais antérieurs de plus d'un siècle au fait allégué. Ainsi en a décidé une circulaire du Garde des sceaux servant de commentaire à la loi du 28 mai 1856 qui a pour objet de réprimer les usurpations de titres nobiliaires. Ainsi en avait décidé, sous l'ancien régime, l'arrêt du parlement, en date du 3 mars 1699, qui avait reconnu comme légitime la possession plus que centenaire.

Or, les titres imprimés, plus que centenaires, prouvant nos droits à porter le titre de baron, ceux-là ne manquent pas non plus.

1. Elles offrent néanmoins un grand intérêt, elles sont des plus utiles, parce que, par les dates, par l'indication des noms de baptême, etc., elles servent à établir des filiations, à indiquer des alliances, etc.

J'invoquerai d'abord, avant tout, le témoignage d'hommes qui ont vécu côte à côte avec des membres de notre famille; qui ont été leurs contemporains, quelquefois leurs adversaires, et qui mêlés aux mêmes événements qu'eux, ne parlent jamais d'eux, sans leur donner le titre de baron. Tels le lieutenant général marquis de Chouppes (1613-1677) ; J. Chifflet, abbé de Balerne (1610-1676) ; le duc de Saint-Simon, dans ses célèbres *Mémoires*, etc. (t. III); Mlle de Montpensier, dans les siens (t. II) ; le cardinal de Retz (t. II), ainsi que le chevalier de Quincy (t. II), dans les leurs ; Girardot de Noseroy, dans son *Histoire de dix ans* (1632-1642), etc., etc. Après ces mémoires des contemporains je citerai les Lettres de Henri IV, de Richelieu, de Mazarin, publiées par le Ministère de l'instruction publique; celles de Louis XIV, de Philippe IV, de Charles II, tirées des archives de Simencas, etc., etc.

Comment peut-on admettre qu'au xviii° siècle, alors que tout le monde s'occupait de généalogie, de science héraldique, de l'histoire de la noblesse et des privilèges dévolus à ce corps, comment peut-on admettre, dis-je, qu'un jurisconsulte, un historien éminent comme l'était Hans Jakob Leu, dont l'œuvre jouit encore d'une légitime autorité, aurait osé, en 1722, imprimer une longue étude intitulée : *Geschichte des Freyherrlichen Familie von Wattennvyl*[1], si cette famille n'avait pas possédé légitimement ce titre de *Freyherr*, que certains grimauds ignorants osent nous contester aujourd'hui.

Mais, au xviii° siècle, toute la noblesse, toute la bour-

---

1. Voir l'ouvrage déjà cité, p. 55, intitulé : *Die vornehmsten jetzlebenden Häupter der Eidgenossenschaft*, Zurich, 1726.
Voir également La Chesnaye-Desbois, déjà cité, t. XVII.

geoisie se seraient levées pour protester contre une asser-
tion aussi impudente, comme elles le firent en France, à
peu près à la même époque. Baluze, dont jusqu'alors la répu-
tation était sans tache, l'autorité incontestée, commit la
faute inqualifiable de soutenir, dans son *Histoire généalo-
gique de la maison d'Auvergne*, que la maison de Bouillon
descendait des anciens ducs d'Aquitaine. Poursuivi par
ordre du roi, condamné, comme le réclamaient la cour et la
ville (1710), frappé d'exil et de confiscation, révoqué des
places qu'il occupait, il mourut en 1718, laissant flétrie une
mémoire si longtemps respectée.

D'autres faussaires, de la même espèce, furent châtiés
plus rigoureusement encore : ils furent pendus.

Leu n'est pas le seul témoin que nous pouvons invoquer.
Je citerai, entre autres, et avant tous :

Le bénédictin Bucelin, *Germania topo-chrono-stemmata-
graphica...*, 4 vol. in-fol., 1655-1678 ;

Gualdo Priorato, *Scena d'Uomini illustri*, Venise, 1659;

Imhof (J. G.), *Notitia S. R. G. imperii procerum historico-
heraldico-genealogia*, Tubingue, 1684, 2 vol. in-fol. et
même ville, 1732 (5ᵉ édition), 2 vol. in-fol.

Je rappellerai, pour mémoire, les noms des contemporains dont j'ai cité quelques-uns (voir p. 63), mais je lais-
serai volontairement de côté les historiens espagnols, car,
eux, ils ne parlent que de la branche franc-comtoise de
la famille. Celle-là porta bien d'autres titres, et bien
plus éclatants aux yeux des ignorants, que notre modeste
titre de baron, celui auquel nous tenons le plus cependant.

C'est dans cette branche, en effet, que l'on trouve les
titres de comte de Corviorre, dont j'ai déjà parlé (p. 60), de
comte de Bussolin, de comte de Watteville, porté par Jean-

Christin, commandeur de Saint-Louis, lieutenant général des armées du roi de France, gouverneur de l'Ordre des chevaliers de Saint-Georges[1], en Franche-Comté. C'est dans cette branche encore que le titre de marquis de Versoix fut concédé à Nicolas de Watteville, en 1598, par Charles-Emmanuel, duc de Savoie; il fut échangé, en 1621, sous Louis XIII, contre le marquisat et le titre de marquis de Conflans.

Après eux, on rencontre, et toujours dans la même branche, les titres de marquis d'Usies et de marquis de Trélon, ce dernier apporté dans la famille par le mariage de Charles-Emmanuel avec Isabelle-Thérèse de Mérode.

Si j'énumère ces titres, c'est d'abord pour confirmer ce que disait le maréchal de Castellane (voir p. 38), de l'indifférence avec laquelle, dans la même famille, les membres prenaient des titres pour lesquels *alors* il n'y avait aucune hiérarchie; tantôt le père, tantôt le fils, portait des titres que les anoblis de nos jours jugeraient ou inférieurs ou supérieurs les uns aux autres. Ensuite, pour apprendre à ceux qui l'ignorent, que s'il n'y a pas, s'il ne peut exister de documents écrits : brevets, actes de nomination ou de titularisation, etc., parchemins en un mot, pour le xii⁰, le xiii⁰ siècle, il en existe pour le xvi⁰, le xvii⁰, etc.

Mais, diront les ergoteurs, pourquoi ces titres dans la branche franco-espagnole et aucun dans les branches

---

1. Ordre de chevalerie fondé à la fin du xive siècle, en Franche-Comté, par Ph. de Molans. Pour y être admis, il fallait faire preuve de *seize quartiers* de noblesse, être catholique, né et domicilié en Franche-Comté, et âgé d'au moins seize ans. La marque distinctive était une médaille en or de saint Georges, attaché à la boutonnière de l'habit par un ruban moiré aux couleurs du souverain.

suisses ? — Par une raison bien simple, parce que, en
1308, la Suisse s'étant violemment séparée du Saint Empire,
ayant soutenu une lutte séculaire contre les empereurs
d'Allemagne, la noblesse bernoise s'est trouvée décapitée
pour ainsi dire. Elle n'eut plus de chef, plus de souverain
pour reconnaître, récompenser, par des promotions de
titres, les services rendus à l'État. Les anciens barons
sont restés barons, et ils en sont fiers. Tellement fiers que
les comtes de Bussolin ou de Corvierre (voir p. 64), les
marquis de Versoix, de Conflans, d'Usies, de Trélon,
presque toujours ont signé dans cet ordre : N. Baron de
Watteville, marquis de Conflans ou de Versoix, etc., met-
tant leur titre ancien avant leur titre plus moderne.

J'en ai les preuves sous les yeux.

Mais je ferme cette longue parenthèse pour revenir au
baronnage. Après avoir parlé des preuves écrites, des
preuves imprimées, j'arrive à ce que j'appellerai des preuves
juridiques, c'est-à-dire à de véritables jugements confir-
mant à des membres de notre famille le droit au nom, le
droit aux armes, le droit au titre.

Au siècle dernier, le 25 juillet 1745, Michael Langguth,
fils adoptif du baron Frédéric de Watteville, fut incorporé
dans la noblesse de Bavière, avec reconnaissance du droit
au nom, aux armes et au titre.

Dans ce siècle, le 4 novembre 1858, Franz-Victor-Anton
de Watteville, qui s'était fixé en Hollande, où il avait
servi et où il fut retraité comme colonel et commandeur
de l'Ordre de la Couronne de chêne, fut incorporé dans la
noblesse néerlandaise, avec reconnaissance du droit au
nom et aux armes, et également au titre de baron.

Or, il est bon d'apprendre ou de rappeler qu'en Bavière, comme en Hollande, comme encore en France, il existe des Conseils du sceau et des titres, examinant, vérifiant, avec autant de science que de rigueur, les titres des postulants qui veulent faire reconnaître par l'État leur filiation, leurs droits à des titres, etc., etc., et rejetant impitoyablement les requêtes douteuses.

Ce n'est pas tout, et voici qui est plus probant encore :

Le capitaine Albert de Watteville [1], aide de camp du maréchal Lanne, pour sa brillante conduite à Wagram, fut désigné par l'empereur pour être son officier d'ordonnance. Plus tard, il fut nommé chef d'escadron aux lanciers de la garde, ce qui donnait rang de lieutenant-colonel, enfin officier de la Légion d'honneur. Et il n'avait que vingt-deux ans !

Le 23 juillet 1810, lui, *baron* de Watteville, fut nommé par Napoléon *baron de l'Empire français*.

Ce qu'il y a de singulier, d'unique peut-être dans cette nomination, c'est que, contrairement à la règle qu'il s'était imposée (voir p. 45), l'empereur créait baron un baron de vieille souche. — Pour quel motif cette dérogation ? — C'est qu'Albert était Suisse et que, comme baron suisse, il n'était pas créé baron français, mais confirmé dans son titre antique, héréditaire.

Il est temps de terminer cette lettre qui a pris, petit à petit, les dimensions d'un mémoire. Je me résume, mon cher cousin et ami, en insistant sur un point encore.

L'illustre et antique maison des Adhémar (du Dau-

1. Ce brillant officier, devant lequel s'ouvrait un si bel avenir, mourut à l'âge de 23 ans, dans la funeste retraite de Russie, entre la Bérésina et Wilna. Voir à son sujet ce qu'en dit dans ses *Mémoires* le général Marbot.

phiné) porte une devise qui a toujours excité mon admiration :

« PLUS D'HONNEUR QUE D'HONNEURS ».

Oui, certes, l'honneur passe avant ! car, suivant le chevaleresque cri de guerre des comtes de Champagne : « Passent avant les meilleurs ! »

Que l'on nous dispute les titres de baron, ou de marquis ou de comte, que l'on nous conteste « les honneurs des cours », il nous reste, il nous restera toujours l'honneur de notre nom. — Que les gens qui essayent de nous dénigrer en disent autant !

N'oublions jamais que ce qui fait le gentilhomme, le vrai noble, c'est l'antiquité de la race, l'illustration du nom. Lorsque, par exemple, l'on porte un nom ancien, connu dans l'histoire, célèbre dans les lettres, et qu'on le quitte pour s'affubler d'un titre de duc romain (nous l'avons vu ces temps derniers) titre sous lequel le nom disparaît, c'est qu'on a perdu tout sentiment aristocratique, tout sens de la vraie noblesse. Les titres ont été le plus souvent de justes, d'honorables récompenses des services rendus au prince ou à la patrie ; mais le nom passe avant ! — Si la République actuelle essayait, une fois encore, de supprimer les titres, je hausserais les épaules, satisfait et heureux de pouvoir toujours signer simplement

WATTEVILLE.

POSTFACE

En relisant ce travail, je remarque que l'on peut m'accuser de ne m'être servi, presque exclusivement, que de documents, de lois, de précédents français.

Mes motifs sont des plus simples, et, je l'espère, irréfutables.

J'ai pris la plupart de mes exemples en France :

Parce que c'est en France qu'ont pris naissance l'art et la science héraldiques, comme le reconnaissent tous les étrangers dont je vais citer le témoignage ; et que l'art et la science héraldiques sont la langue universelle écrite et dessinée de la noblesse, de ses titres, en partie de ses droits.

Le plus ancien traité connu est d'un anonyme français, il doit dater de 1416, suivant son savant éditeur, M. Douet-d'Arcq[1]. Il fut bientôt suivi d'un second, le *Blason des couleurs*, attribué au roi d'armes Sicile. Bien après lui, la prieure de Sopewel, la dame Julian Berner, publia un autre traité célèbre, qu'elle fit imprimer en 1486, à l'abbaye de Saint-Alban, d'où le titre de son ouvrage : *The Boke of Sainct Albans*; elle blasonne en latin,

1. *Un traité de blason du XV⁰ siècle*, précédé d'une introduction, par M. L. Douet d'Arcq, in-8°, Paris, Leleux, 1858.

langue universelle, en anglais sa langue maternelle, en français, autre langue alors universelle.

Dallaway au xviiie siècle reconnaît que c'est aux Français qu'appartient l'agencement et la combinaison des émaux, la position géométrique des lignes, etc. (*Origin and progress of Heraldry*, p. 9). — Ainsi disent Lower, Woodward, Hulme, etc.

Bien avant eux, en 1276, Mosen Febrer avait composé un poème sur la conquête de Valence. Il ne l'écrivit pas en français, mais dans un dialecte français, la langue lémosine [1], qui était parlée depuis les rives de la Loire jusqu'au sud de l'Andalousie.

Zurito, dans ses *Annales de Aragon* (livre Ier, chapitre 37) reconnaît (1561) que les armoiries ont été introduites en Espagne par les Aragonais, qui, eux-mêmes, les avaient reçues des Français.

En Italie, Marc-Antonio-Ginnoni (1756) proclame, *Arte del Blazon*, p. 212, qué les Français ont été les premiers à poser les règles de l'héraldique et de tout ce qui se rattache à la noblesse et à son histoire. Le chevalier von Mayer, dans son *A. B. C. der Heraldik*, l'ouvrage le plus remarquable publié dans ce siècle sur la matière, constate (p. 6) que si les Allemands ont dressé les premiers armoriaux, les Français ont écrit les premiers traités, ont établi les règles, les ont appliquées conformément à la science.

Enfin dans un ouvrage tout récent [2], M. Paul Ganz

1. « ... en su lengua lemosina nativa », édition de J.-M. Bover, in-8o, Palma, 1848, p. 13.

2. *Geschichte der Heraldischen Kunst in der Schweiz*, Vorwort, in-8o, Frauenfeld, 1800.

déclare que la Suisse est la région où l'art et la science
héraldiques se sont développées le plus complètement dès
la première heure, sous l'influence de la civilisation fràn-
çaise et italienne [1].

J'en passe et des meilleurs ! Je laisse de côté les artistes
et les savants, pour arriver aux jurisconsultes.

Dès le règne de Louis le Gros, en 1126, on voit paraître
la première ordonnance royale sur les rapports des serfs
et des ingénus. Sous Saint Louis, je compte huit ordonnances royales, de 1235 à 1265, et vingt et un chapitres
dans les célèbres *Établissements* de ce monarque, régle-
mentant les rapports soit de la noblesse avec là royauté,
soit des nobles entre eux, soit des nobles avec les bourgeois et les serfs.

Dans le nombre, se trouve une ordonnance reconnais-
sant aux barons les droits de justice haute et basse dàns
leurs terres.

L'énumération des édits, lois, ordonnances, arrêts, etc.,
comprend de la page 852 à la page 1050 du Dictionnaire
de Grandmaison ; on voit quel Code auraient fait les textes
dont l'auteur ne donne que la table !

C'est donc en France que la noblesse (comme pouvoir
dans l'État) a été le plus régulièrement constituée ; c'est
en France que sa lutte contre le pouvoir royal a été la
plus acharnée, et le triomphe de la royauté, entraînant la
noblesse dans sa chute, a été le plus écrasant.

Par conséquent, en France, plutôt qu'en Angleterre ou

1. Je croirais bien plus à l'influence allemande qu'à l'influence italienne

en Allemagne, l'on peut recueillir les exemples les plus
nombreux, les plus démonstratifs de la grandeur et de la
décadence de la noblesse, le plus d'exemples des lois,
des coutumes, qui réglaient ses rapports soit avec la
royauté, soit avec la bourgeoisie, soit avec le peuple.

Quant à la Suisse, qui, à juste titre, devrait être pla-
cée en première ligne dans la partie de cette note relative
à notre famille, on n'en peut tirer qu'un très petit nombre
de faits historiques applicables à la thèse que je viens
d'exposer.

La rupture violente du peuple suisse avec le Saint
Empire, en 1308, fut suivie d'une lutte terrible qui dura
tout un siècle. Cette lutte brisa les liens de vassalité qui
rattachaient la noblesse helvétique au Saint Empire, et à
la personne de l'empereur. Barons étaient les membres
des vieilles familles au moment de ce grand acte, barons
ils restèrent, sans que leur position nobiliaire, leur titu-
lature pût être modifiée ; ils n'avaient plus de suzerain.
Le corps se trouvait donc décapité, féodalement parlant.

A côté de la vieille noblesse et marchant presque du
même pas, se trouvait une bourgeoisie riche, ancienne,
active, et dont l'activité avait peu ou point d'emploi. Jusqu'au commencement de ce siècle, la Suisse ne fut qu'un
pays purement agricole, sans commerce pour ainsi dire,
et surtout sans industrie, ce qui peut et doit profondé-
ment surprendre les personnes qui ne songent pas à
regarder à cent ans en arrière.

De cette bourgeoisie était issue une nombreuse jeunesse,
dont l'ardeur ne pouvait trouver d'emploi dans la patrie,
et qui, par son nombre, par son besoin d'activité, était

forcée de chercher à l'étranger les débouchés qui lui manquaient dans l'étroite enceinte des cantons. La carrière des armes, si en honneur alors, était tout indiquée. Les jeunes hommes se précipitèrent à l'envi dans cette voie, et tous s'y frayèrent un glorieux chemin. J'ai rappelé, en quelques mots, dans mon étude sur « l'histoire du Régiment de Watteville », le rôle considérable de l'infanterie suisse, principalement en France, durant les quatre derniers siècles. Rien d'étonnant donc si les services rendus furent reconnus, hautement récompensés par les souverains.

L'octroi de la noblesse, des titres nobiliaires furent au nombre des récompenses les plus recherchées ; et c'est ainsi que sans souverains ni suzerains, nombre de familles purent conquérir, à la pointe de l'épée, et les anoblissements et les titres.

Il n'entre pas dans le plan de cette « Simple note » de retracer l'histoire de la noblesse helvétique. Mais je ne puis résister au plaisir de citer quelques preuves de la reconnaissance des rois de France, qui, en un siècle, surent conférer la noblesse aux Suisses dont je vais donner les noms.

En dépouillant l'excellente histoire militaire de Zur-Lauben [1], je trouve, de Henri II aux débuts du règne de Louis XIV, les lettres patentes d'anoblissements ou de concession du titre de chevalier qui suivent :

---

1. Cf. *Histoire militaire des Suisses au service de la France*, par le baron de Zür-Lauben, 8 vol. in-12, Paris, 1753.

LETTRES PATENTES D'ANOBLISSEMENTS :

Par Henri II : janvier 1554, au capitaine Bernard Stehelin (Bâle) ; septembre 1556, à Guillaume Freulich, lieutenant de la Compagnie des Suisses de la Garde.

Par Charles IX : janvier 1563, à Guillaume Tuggener (sans désignation de grade) ; février 1570, au capitaine Ours zur Matten (Soleure) ; des lettres patentes de chevalerie, décembre 1570, à Guillaume Tuggener, lieutenant des Cent Suisses de la Garde du roi.

Par Henri III : Des lettres patentes d'anoblissement et de chevalerie, avril 1587, accordées au colonel Gaspard Gallaty.

Par Henri IV : des lettres patentes de chevalerie, juillet 1591, au colonel Laurent d'Arregger ; des lettres patentes d'anoblissement, juin 1592, au capitaine Pierre Brunner ; des lettres patentes de chevalerie, juillet 1593, au capitaine Jean-Jacques Tribolet (Berne) ; des lettres patentes de noblesse, avril 1595, à un autre Guillaume Tuggener, enseigne aux Cent Suisses ; d'autres lettres patentes de chevalerie, mars 1596, au colonel Ours zur Matten.

Par Louis XIII : des lettres patentes de chevalerie, août 1617, au colonel Jost Greder ; des lettres patentes d'anoblissement, mai 1637, à Gaspard Freuller, colonel des Gardes ; des lettres patentes d'anoblissement, septembre 1643, à Daniel Gibelin, capitaine aux Gardes.

Par Louis XIV : des lettres patentes de noblesse, avril 1647, au capitaine Ours Grimm ; des lettres patentes de noblesse, au colonel Lokmann.

Par cette énumération très incomplète, on voit donc que si en Suisse il ne pouvait y avoir d'anoblissements, il y eut du moins de glorieux anoblis.

Ces nouveaux venus furent adoptés, sans difficultés, par les gentilshommes de nom et d'armes, car la noblesse suisse, avec la noblesse anglaise, furent les seules en Europe qui surent allier à un grand sens politique un véritable sens pratique.

Aux débuts de la révolution qui renversa le pouvoir de la maison d'Autriche, la noblesse, il est vrai, essaya, les armes à la main, de se substituer au pouvoir déchu ; elle voulut s'emparer de vive force de la haute main dans la direction des affaires publiques. Ses tentatives furent vaines et durement réprimées, à Laupen entre autres. Elle comprit cette leçon, et, par une conversion habile, elle ne tarda pas à s'allier avec la puissante bourgeoisie des villes.

Le gouvernement de Berne, qu'il faut toujours citer, car Berne a été de tout temps le plus riche, le plus important des cantons, le gouvernement de Berne fut un modèle de démocratie tempérée par une sage et puissante aristocratie. En effet, les membres de la noblesse, distingués entre tous et par leur vaillance et par leur expérience de la guerre, acquise soit dans leur patrie, soit à l'étranger, influents par leurs alliances de famille, rompus à la politique, furent ceux auxquels le peuple confia de préférence les principales fonctions publiques. Pendant cinq siècles, jusqu'à l'heure du triomphe de la Révolution française, on put voir constamment toutes les hautes positions politiques, civiles, militaires, diplomatiques occupées exclusivement par la vieille noblesse et la haute bourgeoisie. Toutes deux unies et réunies, constituèrent une active et puissante aristocratie dans le véritable sens du mot grec, c'est-à-dire « le gouvernement des hommes les meilleurs, les plus forts, les plus considérables ».

La période héroïque, s'il est permis de l'appeler ainsi, finit avec le xviiie siècle.

La période démocratique pure commence alors : l'avenir jugera et se prononcera ; seul il pourra dire le dernier mot.

Os. Baron de WATTEVILLE.

MACON, PROTAT FRÈRES, IMPRIMEURS

www.ingramcontent.com/pod-product-compliance
Lightning Source LLC
Chambersburg PA
CBHW070914280326
41934CB00008B/1718